타임라인으로 보는 지식 대백과
1 세계사

앤 루니 글
바이얼릿 타바코 그림
김동은 옮김

선사 시대부터
현재까지

타임주니어

표지를 살펴볼까요?

표지에 있는 그림이에요. 책 속에서 자세히 살펴보세요!

① 제1차 세계 대전에 참전한 군인: 98쪽
② 로마 제국의 병사: 40쪽
③ 일본의 사무라이: 62쪽
④ 이집트의 클레오파트라: 39쪽
⑤ 소를 이용한 쟁기질: 12쪽
⑥ 콤바인: 85쪽
⑦ 빈센트 반고흐: 90쪽
⑧ 동굴 벽화: 10쪽
⑨ 아스테카의 피라미드: 65쪽
⑩ 모아이 석상: 5쪽, 63쪽

타임라인으로 보는 지식 대백과
1 세계사

2024년 03월 27일 초판 1쇄 발행
글 앤 루니 | **그림** 바이얼릿 타바코 | **옮김** 김동은
편집인 이현은 | **편집** 강숙희, 이호정 | **마케팅** 이태훈, 황주희 | **디자인** 민영선
제작·물류 최현철, 김진식, 김진현, 이난영, 심재희

펴낸이 이길호 | **펴낸곳** 타임주니어
출판등록 제2020-000187호 | **주소** 서울시 강남구 봉은사로 442 75th Avenue 빌딩 7층
전화 02-590-6997 | **팩스** 02-395-0251 | **전자우편** timebooks@t-ime.com | **인스타그램** @time.junior_
ISBN 979-11-93794-07-4(74000)

타임주니어는 (주)타임교육C&P의 단행본 출판 브랜드입니다.
• 책값은 뒤표지에 있습니다. 잘못 만들어진 책은 구입하신 곳에서 바꾸어 드립니다.

Visual Timelines: World History
Written by Anne Rooney and illustrated by Violet Tobacco
Copyright © Arcturus Holdings Limited
www.arcturuspublishing.com
All Rights Reserved.
Korean translation rights © 2023 TIME EDUCATION C&P
Korean translation rights are arranged with Arcturus Holdings Limited through JMCA Agency Korea.

이 책의 한국어판 저작권은 JMCA 에이전시를 통해 저작권사와 독점 계약한 ㈜타임교육C&P에 있습니다.
저작권법에 의하여 한국 내에서 보호를 받는 저작물이므로 무단전재와 무단복제를 금합니다.

어린이제품 안전특별법에 의한 기타표시사항
제품명 양장 도서 | **제조자명** 타임교육C&P | **제조국명** 대한민국 | **제조년월** 2024년 3월 | **사용연령** 7세 이상

차례

4 들어가며

chapter 1. 세계사의 시작
10 선사 시대~1만 1000년 전(기원전 9000년)
12 기원전 8999년~기원전 3500년
14 기원전 3499년~기원전 2500년
16 역사의 시작
18 기원전 2499년~기원전 1500년
20 중국의 왕조
22 기원전 1499년~기원전 800년
24 기원전 799년~기원전 500년
26 정부의 형태

chapter 2. 고대 세계
30 기원전 499년~기원전 350년
32 알렉산더 대왕
34 기원전 349년~기원전 250년
36 기원전 249년~기원전 150년
38 기원전 149년~기원전 1년
40 로마 제국의 등장
42 1년~250년
44 251년~450년
46 451년~632년

chapter 3. 중세 세계
50 633년~749년
52 오래된 종교
54 750년~849년
56 850년~999년
58 1000년~1099년
60 몽골 제국
62 1100년~1299년
64 1300년~1399년
66 흑사병

chapter 4. 연결된 세상
70 1400년~1484년
72 1485년~1599년
74 닫힌 세계
76 1600년~1699년
78 사람을 사고파는 노예제
80 1700년~1799년
82 산업 혁명
84 1800년~1849년
86 혁명의 해

chapter 5. 전쟁의 시대
90 1850년~1899년
92 아프리카 침략
94 참정권
96 1900년~1919년
98 제1차 세계 대전
100 1920년~1939년
102 제2차 세계 대전
104 1940년~1949년
106 폭군과 독재자

chapter 6. 현대 세계
110 1950년~1964년
112 냉전 시대
114 1965년~1974년
116 우주 경쟁
118 1975년~1989년
120 1990년~2004년
122 2005년~현재
124 코로나19
126 미래의 역사

128 찾아보기

들어가며

역사는 과거에 있었던 인간 활동의 이야기예요. 자연재해, 전쟁, 발명과 발견 등 모든 것이 역사랍니다. 그렇지만 있었던 일을 그저 늘어놓는 게 역사는 아니에요. 예측하기 어려울 때도 있지만, 어떤 사건의 원인에는 결과가 따라요. 원인과 결과가 반복되면서 새로운 사건이 끊임없이 이어지죠. 사람들이 사건을 어떻게 받아들이고 대처하느냐에 따라 다음에 일어날 일이 정해져요. 그래서 역사를 이해하는 일은 지금 우리가 사는 현대 사회를 이해하는 데 꼭 필요해요.

* 앞으로 연대는 '기원전'과 '기원후(서기)'로 표기한다. 1년을 기준으로 이전이 기원전, 이후가 기원후다.
  이 책에 제시한 연도들은 근사치이며, 구별의 목적이 없는 한 기원후는 별도로 표기하지 않는다.

역사 이전의 시기

역사 이전의 시기를 선사 시대라고 해요. 초기 인류가 전 세계에 흩어져 정착하고 공동체를 만들던 시기죠. 약 1만 2000년 전에 사람들은 정착해서 농사를 짓기 시작했어요. 인류에게 중요한 전환점이었던 이 시기를 '농업 혁명'이나 '신석기 혁명'이라고 해요. 농사를 지으면서 식량을 안정적으로 공급했고 인구가 증가했어요. 소규모 정착지는 시간이 흐르면서 도시로 성장했죠. 분업이 이루어졌고, 세대를 뛰어넘는 건축물과 예술을 남기며 그들만의 문명을 이룩했어요. 그러다 마침내 기록하면서 역사가 시작됐어요.

초기 인류는 사냥과 생존을 위해 뾰족하게 다듬은 막대기와 기초적인 도구를 사용했다. 하지만 인류가 진화하고 과학과 기술이 점차 발전함에 따라 훨씬 더 정교한 도구를 만들었다.

역사를 만드는 것

많은 학자가 약 5000년 전(기원전 3000년경)에 역사가 시작됐다고 생각해요. 일부 지역에서 기록하는 방법을 개발한 시기죠. 역사학자에게 글로 남긴 기록은 매우 유용하지만, 문헌이 유일한 역사적 자료는 아니에요. 사물, 예술, 건물, 기념물, 심지어는 무덤이나 죽은 사람의 몸에서도 많은 걸 알아낼 수 있어요. 역사학자뿐만 아니라 고고학자(유물이나 유적을 연구하는 사람)와 인류학자(인류가 생활하면서 남긴 흔적을 연구하는 사람)도 역사를 구성할 수 있어요. 오직 글로 쓴 기록을 연구하는 일을 역사라고 한다면 기록을 남기지 않은 문화는 역사가 될 수 없겠지요.

기자의 스핑크스는 수천 년 전에 살았던 사람들이 어떤 기술을 가지고 있었는지 알려 준다. 하지만 이런 작품을 어떻게, 왜 만들었는지 항상 알아낼 수 있는 건 아니다.

역사의 주인공

역사라는 말을 들으면 통치자나 탐험가, 과학자 같은 위인이나 고대 로마 제국, 황허 또는 인더스 등의 세계 문명을 떠올릴 거예요. 400년 전에 캥거루를 사냥한 호주 원주민, 18세기에 얼어붙은 농지에서 먹고살기 위해 몸부림쳤던 러시아 농노, 3000년 전에 옷감을 짜던 아비시니아 여인을 떠올리는 사람은 별로 없지요. 하지만 지금까지 지구에 살았던 대부분의 사람은 평범했어요. 이 사람들이 없었다면 지금 우리가 아는 역사적 사건은 일어날 수 없었어요. 그들이 식량을 재배하고 모든 걸 가능하게 한 도구를 만들었으니까요. 보통 사람들의 이름은 알 수 없지만, 그래도 그들의 삶은 연구할 수 있어요.

우리는 이스터섬의 모아이 석상을 만든 사람들에 대해 아무것도 모른다.

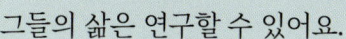

대부분의 사람은 우리가 흔히 말하는 '평범한 삶'을 살았다.

역사를 읽는 법

우리가 읽을 수 있는 기록을 남긴 문명에 대해서는 많은 걸 알고 있어요. 물론 기록은 남겼지만 아직 해독하지 못한 문명도 있고, 기록을 전혀 하지 않아서 다른 문화권에서 남긴 기록을 통해 연구하는 문명도 있지요. 반면 기록 외에도 유물이나 유적 같은 흔적이 역사적 증거를 남겨서 연구하는 데 중요한 역할을 하기도 해요. 증거가 불명확한 경우가 많은데 이때는 비판적인 시각을 가지고 여러 자료를 비교하며 확인하는 것이 필요하답니다.

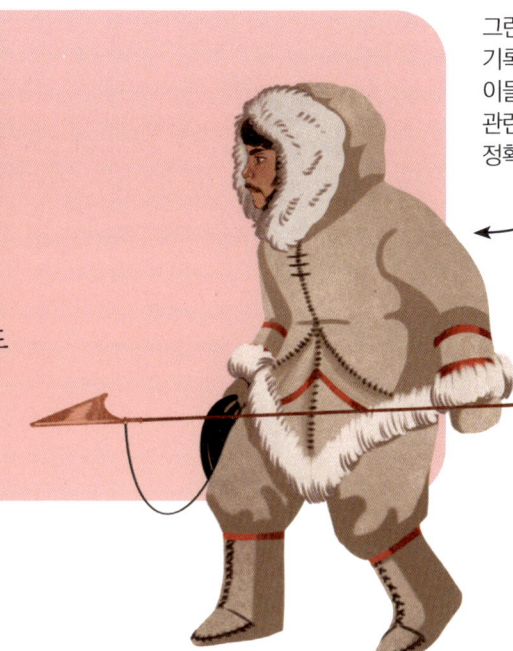

그린란드 툴레족은 기록을 남기지 않았다. 이들을 만난 바이킹도 관련 기록을 남기지 않아 정확한 건 알 수 없다.

기록한 자의 역사

역사학자는 한 사회가 다른 사회에 대해 쓴 기록을 읽을 때 매우 신중해야 해요. 기록이 얼마나 정확한지 알 수 없을뿐더러 기록의 대상을 왜곡했을 가능성도 있거든요. 예를 들어 유럽인들은 어떤 땅을 정복하려고 할 때 원주민들을 무지하고 미개하다고 생각했어요. 그래야 이를 핑계 삼아서 땅과 자원을 빼앗을 수 있거든요. 반면 원주민들 입장에서 유럽인들은 잔인한 침략자일 뿐이죠.
보통 두 집단 사이에 전쟁이 벌어지면 상대방을 불리하게 묘사하는 일이 많았고, 때로는 군인들이 더 힘을 내서 싸우도록 끔찍한 거짓말을 지어내기도 했어요. 그러니 남아 있는 기록이 적거나, 오랜 시간이 흐른 후에는 어떤 이야기가 진실인지 알아내기가 어렵답니다.

바이킹은 잔혹한 약탈자로 기록되어 왔다. 아무래도 가장 큰 피해자였던 수도사들이 기록했기 때문일 것이다. 바이킹의 시각이 담긴 기록은 없다.

역사의 양면

하나의 이야기를 두 사람이 전달할 때 전혀 다르게 들리기도 하지요? 심지어 둘이 적대 관계가 아닐 때도 그렇답니다. 즉 동일한 사건이라도 사람마다 다른 의미를 지닐 수 있어요. 의도적으로 편견을 갖지 않더라도 모든 이야기에는 적어도 두 가지 면이 있어요. 역사도 마찬가지랍니다.

미래를 이해하는 방법

역사는 과거에 일어난 사건을 알고 판단하고 이해하는 과정이에요. 사건에는 결과가 따르고 사람들은 이를 다르게 받아들여요. 현재 상황이 어떤 결과를 낳을지 예측하기란 불가능에 가깝죠. 하지만 과거에 무슨 일이 일어났는지 안다면 같은 실수를 반복하지 않으려고 노력할 수 있어요.

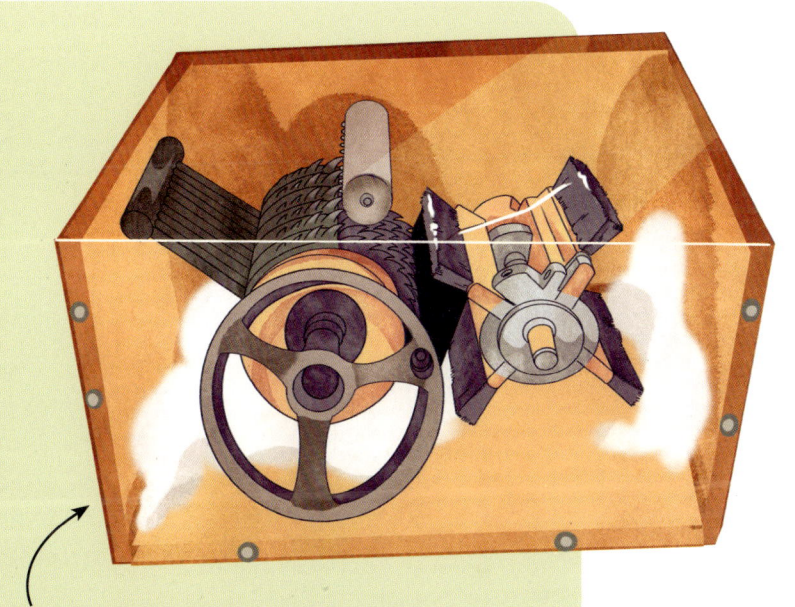

1793년 면화에서 씨앗을 분리하는 조면기가 발명되면서 면화 생산이 쉬워졌다. 그에 따라 미국에서 노예가 증가했고 이는 남북 전쟁의 원인이 되었다.

1340년대 흑사병의 발발은 누구도 의도하지 않았지만 세계 역사를 바꿔 놓았다.

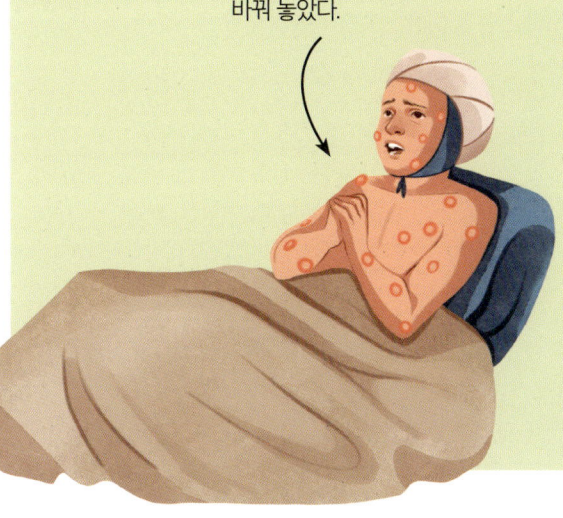

역사는 사람들이 의도적으로 하는 행동과 예기치 못한 사건으로 이루어져요. 도시를 파괴하는 지진 같은 자연재해부터 인류의 생활 방식을 완전히 바꾼 놀라운 발견이나 발명까지 다양한 일이 있어요. 50년 전만 해도 온라인이 우리 삶에서 이렇게 많은 부분을 차지하리라고는 아무도 예상하지 못했어요. 앞으로 무슨 일이 벌어질지, 지금 일어나는 여러 사건 중 미래의 역사학자에게 가장 의미 있는 일은 무엇일지 알 수 없지만 역사는 언제나 만들어지고 있어요.

chapter 1
세계사의 시작

세계사의 서막은 선사 시대예요. 아프리카 대륙에서 시작한 초기 현생 인류는 전 세계에 흩어져 위험을 무릅쓰고 육지로 나아갔어요. 그들은 더 용기를 내어 바다로 나가 온갖 환경에서 삶을 꾸려 나갔지요. 곳곳에서 구할 수 있는 재료로 집을 지었으며 불을 사용하고 도구와 옷을 만드는 방법을 익혔어요. 공동체를 만들고 정착하면서부터는 동물을 가축으로 길들이고 농작물을 재배하면서 식량 문제를 해결할 수 있었답니다.

이 시기에는 문자 언어가 없었기 때문에 우리는 초기 인류가 남긴 도구, 예술품, 거주지와 구조물, 보석, 옷가지 등을 통해 이들이 누구였는지, 이들의 삶은 어땠는지를 파악할 수 있어요. 때로는 그들의 몸 자체가 중요한 자료가 되기도 하는데, 발견된 뼈를 분석하여 그 지역에서 언제부터 사람들이 살았는지, 그들이 무엇을 먹었고 어떤 질병에 걸렸었는지도 알아내지요.

점차 인류는 문자를 만들어 사용하고 매일 있었던 일을 기록하기 시작했어요. 그렇게 역사는 세계 곳곳에서 서로 다른 시기에 기지개를 켰답니다.

선사 시대~1만 1000년 전(기원전 9000년)

초기 현생 인류는 아프리카에서 진화했어요. 18만 년 전에 처음 아프리카를 떠난 이들은 서아시아로 퍼져 나갔고 이후에도 수많은 사람이 이주했어요. 인류는 수천 년이 넘도록 장거리를 이동하며 전 세계에 자리 잡았는데, 지금보다 낮은 해수면 덕분에 현재 바다로 나뉜 대륙을 그때는 걸어서 건널 수 있었어요.

4만 5000년 전
유럽 동부 몰도바에서 **매머드의 뼈로 거주지**를 만들었다. 매머드의 뼈를 쌓아서 만든 거주지에 매머드 가죽을 덮었다.

4만 4000년 전
아프리카 보더 동굴에서 홈을 판 뼈와 막대기가 발견되었다. 인간이 **숫자를 세거나 계산할 수 있었다**는 최초의 증거다.

❶ 18만 년 전
❷ 6만 5000년 전
❸ 5만 4000년 전
❹ 3만 3000년 전
❺ 2만 6000년 전
❻ 2만 5000년 전
❼ 1500년 전

선사 시대

11만 년~1만 1700년 전
마지막 빙하기에 해수면이 낮아지면서 **걸어서 이동할 수 있는 육지**가 새로이 모습을 드러냈다. 그중 하나는 3만 5700년 전에 러시아 동쪽과 북아메리카 서쪽을 연결한 베링기아(베링 육교)였으며, 다른 하나는 1만 6000년 전에 영국과 유럽 대륙을 이은 도거랜드다.

얼음이 북아메리카, 러시아 북부, 유럽의 많은 부분을 뒤덮고, 현재 물밑에 가라앉아 있는 육지 일부가 그 당시에는 수면 위로 드러나 있었다.

5만 4000년 전
유럽에 도착한 초기 현생 인류는 이전부터 그곳에 살고 있던 또 다른 초기 인류인 **네안데르탈인**과 만난다. 두 인류는 서로 교류하면서 함께 가족을 꾸리기도 했다.

5만 년 전 ~ 4만 5000년 전
오스트레일리아 전역에 인류가 살기 시작했다.

4만 5500년 전
인도네시아에 살던 사람들은 동굴 벽에 **동물을 그렸다**.

4만 4000년 전에 그린 이 동굴 벽화는 세상에서 가장 오래된 사냥 그림이다.

3만 3000년~ 3만 년 전

초기 현생 인류가 **아메리카 대륙**에 처음 도착했을 것으로 추정된다.

나무로 된 자루에 창끝을 달아서 사냥할 때 썼다. 창끝은 돌이나 매머드의 상아로 만들었다.

약 3만 년 전

체코의 돌니 베스토니체에 살던 사람들은 다양한 **석기**로 무언가를 자르거나 가죽에 구멍을 뚫거나 사냥이나 전투를 했다. 특히 **매머드의 상아**로 날카로운 창끝을 만들기도 했는데, 이런 유형의 도구로는 알려진 것 중 가장 오래된 유물이다.

· 농경이 가져온 변화 ·

농경은 인류, 토지, 다른 생물종을 바꿔 놓았다. 사람들은 좋은 고기, 가죽, 젖을 주는 동물을 사육했기 때문에 가축에는 인간이 원하는 특성이 두드러졌다. 식물도 같은 방식으로 재배했는데, 가장 좋은 수확물은 다음 해에 파종하기 위해 보관했다. 인류가 농지를 얻으려고 나무와 관목을 베어 내고, 농작물에 물을 대려고 물길을 바꾸면서 땅도 영향을 받았다. 이렇게 모여 살고 가축도 기르게 되자 질병에 취약해질 수밖에 없었다. 병은 동물에서 사람으로 옮겨졌고, 모여 살던 사람들 사이에 퍼져 나갔다.

1만 2000년 전

수렵과 채집을 하던 유목민이 공동체에 **정착**하면서 **농사를 짓고** 가축을 기르기 시작했다. 이런 변화는 전 세계 여기저기에서 서로 다른 시기에 나타났고 자연스럽게 인간 사회는 변화하게 되었다.

1만 1000년 전 (기원전 9000년)

2만 9000년~1만 5000년 전

인류는 **늑대를 가축으로 길들여서** 동물과 공동체를 지키는 데 이용했다. 이렇게 길들인 늑대는 오늘날 개로 진화했다.

아마도 늑대는 다양한 공동체에 의해 여러 차례 길들여졌을 것이다.

1만 2500년 전

줄무늬 토기는 일본 선사 시대의 '조몬 문화'를 대표한다. 여기서 조몬은 줄무늬를 의미한다.

기원전 9600년~8200년

가장 오래된 **거석 기념물**(돌로 만든 큰 기념물)이 튀르키예 괴베클리 테페에 만들어졌다. 이 유적지의 95%가량은 아직 연구되지 않았다.

어떤 용도로 사용되었는지 아무도 모른다.

2만 6000년 전

돌니 베스토니체에 살던 사람들은 타고난 **예술가**였다. 상아와 진흙으로 멋진 **작품**을 만들었다.

기원전 8999년~기원전 3500년

드디어 약 1만 1700년 전(기원전 9700년)에 마지막 빙하기가 끝났어요. 기후가 온화해지고 농사가 수월해지면서 생활이 안정되었지요. 점차 정착지가 커지면서 초기 도시가 나타났는데, 이집트, 메소포타미아(현재의 이라크와 이란), 인더스(현재의 파키스탄과 아프가니스탄), 멕시코, 페루, 중국에서 문명이 발생했답니다.

기원전 6000년
사하라 사막이 **건조**해지면서 거주민들은 떠나야 했다.

기원전 8000년
초기 도시 중 하나인 예리코는 햇볕에 말린 **진흙 벽돌**로 지어졌다.

기원전 7000년
시베리아 북동부 사람들은 **흑요석**(화산 유리)으로 만든 도구를 거래하기 위해 개 썰매를 타고 수백 킬로미터를 달린 것으로 보인다.

기원전 6000년~4000년
그리스 크레타섬의 농부들이 중요한 교역품인 **올리브**를 재배했다.

기원전 8999년

기원전 8000년
해수면이 상승하면서 아시아 대륙에서 일본이 분리됐다. 이 때문에 조몬 문화를 시작한 사람들은 기원전 1만 4천 년 무렵에 무리를 지어서 육로로 이동했다가 자연스럽게 외부 세계와 단절되었다. 먹을 만한 동물이 다 동이 나자 낚시로 눈을 돌렸는데 이때부터 생선을 먹는 일본의 오랜 전통이 시작되었다.

기원전 5000년
이집트인이 미라를 만들기 2천 년 전에 이미 칠레의 아타카마 사막과 페루에서 친초로인들이 **시체를 미라로 만들었다.**

친초로인들은 죽은 사람의 몸에 흙, 재, 풀을 채운 뒤, 재로 걸쭉한 반죽을 만들어 씌우고 검게 칠했다.

기원전 8000년
베링기아가 바다 아래로 사라졌다. **따뜻한 날씨** 덕분에 인류는 캐나다에 정착했다.

얼음이 녹으면서 해수면이 상승했고 러시아와 알래스카가 분리되었다.

■ 바다　■ 오늘날의 육지　■ 1만 년 전의 육지

기원전 약 6000년~5000년
메소포타미아와 다른 지역에서 소를 길들이고 농사에 필요한 **쟁기**를 발명했다.

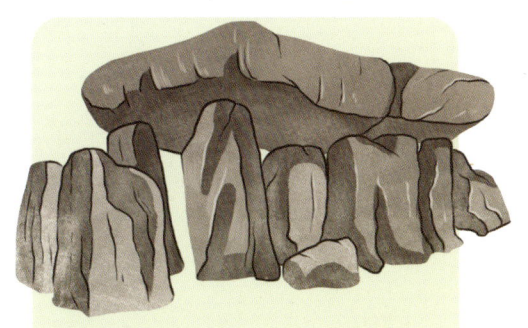

기원전 5000년~4000년
프랑스와 브리튼섬에 거주하던 사람들이 시신을 매장하기 위해 **고인돌**(똑바로 세운 두 개의 돌 위에 넓적한 돌을 얹은 무덤)을 만들었다.

기원전 3500년
메소포타미아에 살던 사람들이 진흙 벽돌을 이용해서 **지구라트**(계단식 피라미드)를 지었다. 지구라트는 신이 속세에서 머무는 집으로 여겨졌으며, 대개 새로운 도시에 가장 먼저 짓는 건축물이었다.

기원전 3500년

기원전 약 4500년
세르비아에 살던 사람들이 처음으로 **구리를 제련**해서 도구를 만들었다.

기원전 4000년
이집트 농부들은 **씨를 뿌리기** 전에 도구로 흙을 잘게 부쉈다.

· 청동기 시대의 시작 ·
세르비아인들은 구리와 주석을 섞어 청동기를 만들었다. 이 기술은 유럽과 중동으로 퍼져 나갔고, 세계 곳곳에서 서로 다른 시기에 청동기 시대가 시작됐다. 사람들은 청동으로 튼튼하고 내구성이 뛰어나면서도 다양한 모양의 도구를 만들 수 있었다. 자연스럽게 농업 기술이 발달했으며 사냥과 전쟁에 사용할 무기도 개발할 수 있었다. 청동으로 된 도구와 무기를 활용하는 집단은 그렇지 못한 집단보다 우위를 점했다. 청동기는 부에 따른 사회 계층과 분업을 형성했으며, 금속 가공 기술이 한층 더 발전하도록 했다.

기원전 3500년~ 기원후 1000년
반투족이 나이저강 유역에서 사하라 사막 이남으로 뻗어 나갔다. 이들은 석기와 철기를 함께 사용한 덕분에 농사 짓기가 수월했다. 현재 아프리카에서 사용하는 500개 이상의 언어가 반투족에서 유래했다.

기원전 3500년
페루 안데스 지역의 텔라마차이 문명은 **라마와 알파카를** 길러서 털로 직물을 짜고 고기를 얻었다.

기원전 3499년~기원전 2500년

초기 정착지가 성장하여 최초의 도시가 되었어요. 개인이 필요한 것을 모두 자급자족하는 대신, 사람들은 일을 나눠서 하기 시작했어요. 식량을 재배하거나 준비하는 사람이 있었고, 집을 짓는 사람, 신을 섬기는 사람도 있었어요. 행정과 관료주의는 할 일을 정하고 이익을 나누는 데 꼭 필요했어요.

기원전 3000년
도자기 제작에 사용하는 물레가 발명되었다. 도공이 수평으로 놓은 판을 돌리면서 도기의 모양을 잡는 방식이다. 이 물레의 바퀴는 훗날 운송용으로 개조되었다.

기원전 3490년
우크라이나, 카자흐스탄으로 추정하는 중앙아시아 스텝 지대(러시아와 아시아의 중위도에 위치한 온대 초원 지대)에서 **말을 길렀다**.

가축으로 처음 길들인 말은 작고 땅딸막했다.

기원전 3150년
이집트 왕조는 남부와 북부가 통일되면서 시작됐다. 왕조는 특정 가문에서 통치자가 나오는 시대를 일컫는다.

기원전 3000년
메소포타미아에서는 **방아두레박**으로 강, 웅덩이, 우물의 물을 길어 올렸다. 무거운 평형추를 이용해서 물이 가득 든 통을 끌어올렸다. 사람의 힘이 아닌 지렛대의 원리로 움직여서 사용하기 수월했다.

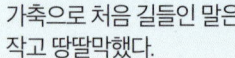
기원전 3499년

기원전 3100년~2800년
수메르(현재의 이라크)가 전성기를 누렸다. 수천 년 동안 이곳은 가장 중요한 지역이었다.

기원전 3000년~1700년
토양이 비옥해서 농작물 생산성이 높았던 중국 황허강 근처에서 **룽산 문명**이 번성했다. 룽산 문화는 검은색 도자기가 유명해 도자기 문화라고도 불린다.

• 인더스 문명 •
인더스 문명은 기원전 3300년경에 시작되었다. 인더스 문명은 매우 세련됐는데, 고급 건축술과 뛰어난 도시 계획이 있었고, 수세식 화장실을 포함한 수도 배관과 격자형 도로망을 갖췄다. 다른 곳의 일반적인 대도시에 1만 명이 거주한 것에 비해 인더스의 가장 큰 도시였던 하라파와 모헨조다로에는 최대 5만 명이 있었다. 특이하게도 사원이나 궁전은 없었다.

스카라 브레의 집은 잔디 지붕으로 덮였다.

기원전 3100년~2500년
스코틀랜드의 마을 **스카라 브레**에서는 돌과 흙을 쌓아서 집을 지었다. 가구 역시 돌로 만들었다.

기원전 3000년~1100년
크레타섬의 미노스 문명은 최초의 **유럽 문명**이다. 미로 같은 궁전, 정교한 보석과 도자기, 일상생활을 묘사한 생생한 프레스코화를 남겼다.

기원전 2670년

조세르의 계단식 피라미드는 이집트 최초의 피라미드이다. 높이가 약 62m인데, 당시에는 가장 높은 건축물이었다.

조세르의 피라미드는 거대한 석재를 쌓아서 만들었다.

기원전 2613년~2181년

고대 이집트 고왕국의 파라오 대부분은 기념비적인 묘소로서 거대한 **피라미드**를 원했다. 피라미드 건설에는 막대한 노동력과 재료가 든다.

기원전 2550년

영국 남쪽의 **스톤헨지**는 원형으로 세워진 거대한 돌 구조물로, 여름의 일출과 겨울의 일몰을 감상할 수 있어 유명하다. 이 거석은 기원전 3100년경부터 만들어진 것으로 추측한다.

하나에 4톤이나 되는 거대한 돌들을 300km나 끌고 가서 만들었다고 한다.

기원전 2500년

기원전 약 2500년~350년

누비아(현재의 수단과 이집트)의 쿠시 왕국이 고도의 문명을 꽃피웠는데, 고대의 어떤 문명보다도 **여성이 중요한 역할**을 맡았다.

스핑크스는 길이가 약 73m, 높이가 약 20m나 된다.

기원전 2558년~2532년

수수께끼 같은 이집트 **기자의 스핑크스**는 카프레 파라오의 재위 기간에 만든 것으로 추정되지만, 더 오래되었을 수도 있다. 스핑크스를 제작한 목적은 아무도 모르며, 한때 세상에서 가장 큰 조각상이었다.

기원전 2500년

고대 이집트에서 **미라를 만들기** 시작했다. 죽은 사람의 몸속을 비우고 방부제를 사용한 뒤 리넨 붕대로 감쌌다.

이집트 미라는 종종 채색한 가면을 썼다.

역사의 시작

사건을 기록하는 데서부터 역사가 시작돼요. 전 세계의 다양한 문화권에서 기록이 발전했고, 우리가 읽을 수 있는 기록을 남긴 문화는 대부분 알려져 있어요. 물론 기록을 남기지 않았다고 해서, 혹은 우리가 아직 해독을 못했다고 해서 그 문화가 수준이 낮거나 덜 발전했다는 뜻은 아니에요. 그저 우리가 잘 모를 뿐이죠.

비옥한 초승달 지대

비옥한 초승달 지대는 메소포타미아 문명과 이집트 문명의 발상지인 티그리스강, 유프라테스강, 나일강 유역이에요. 기원전 3400년~기원전 3300년경에 이곳에서 처음 문자를 사용했어요. 메소포타미아(현재의 이라크)에서는 철필이라는 막대기를 이용해서 부드러운 점토판에 쐐기처럼 생긴 글씨를 적었어요. 글씨를 새긴 점토판은 구워서 굳혔기 때문에 지금까지 남아 있죠. 이렇게 쓴 글자를 **쐐기 문자**라고 해요. 쐐기 문자는 단어를 만드는 소리를 기호로 표시했어요. 수메르인은 쐐기 문자를 써서 공문서, 회계 기록, 시, 의료 기록, 천문학 관련 기록, 사건 기록을 남겼어요.

곧이어 기원전 3250년~기원전 3200년경에 이집트 필경사(글씨 쓰는 일을 직업으로 하는 사람)들이 그림 문자를 쓰기 시작했어요. 발, 그릇, 독수리처럼 알아보기 쉬운 이미지부터 시작했죠. 그림 문자를 돌에 새기면 **상형 문자**, 갈대로 만든 펜이나 붓으로 파피루스에 쓰면 **신관 문자**(고대 이집트에서 주로 종교 문서에 사용한 문자)라고 해요. 시간이 지나면서 기호는 점차 일정한 양식을 갖췄어요. 어떤 기호는 소리를 나타냈고, 단어의 의미를 뜻하는 기호도 있었어요. 이러한 소리와 문자 체계는 훗날 유럽 알파벳의 기원이 되었답니다.

이집트의 상형 문자

다른 지역의 문자

메소포타미아와 이집트는 가까웠기에 서로서로 문자의 발전에 영향을 미쳤을 거예요. 하지만 비옥한 초승달 지대와 떨어진 중국은 독자적으로 문자를 개발하고 발전시켰어요. 또 **중앙아메리카**는 기원전 900년~기원전 600년에 유럽, 아시아, 아프리카와 관계없는 독자적인 문자 체계를 만들었어요. 중국의 문자는 이집트 문자처럼 초기에는 그림으로 시작했지만 점차 단번에 알아보기 어려운 형태로 바뀌었어요. 중국 최초의 문자는 미래를 점치는 데 사용한 뼛조각이나 거북의 등껍질인 '신탁 뼈'에 새긴 갑골 문자이며, 기원전 1300년 즈음에 이르러 완전한 문자 체계를 갖췄답니다.

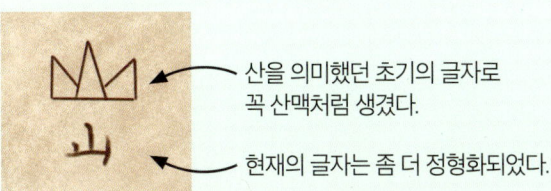

산을 의미했던 초기의 글자로 꼭 산맥처럼 생겼다.
현재의 글자는 좀 더 정형화되었다.

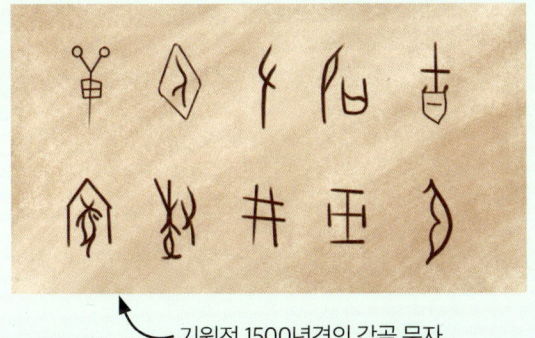

기원전 1500년경의 갑골 문자

상형 문자와 줄

중앙아메리카(현재의 멕시코부터 코스타리카까지)의 마야인은 **상형 문자**를 사슴 가죽이나 나무 껍질로 만든 책에 그리거나 뼈와 돌에 새겼어요. 1500년대 유럽인들이 침략하면서 마야의 책을 훼손했기 때문에 지금은 거의 남아 있지 않아요. 마야인은 매듭 문자인 **키푸**로 의사소통을 했어요. 키푸 문자를 해석한 사람은 아직 없어요.

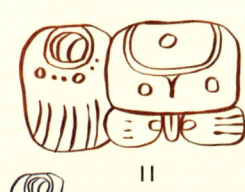

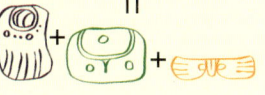

상형 문자는 다양한 요소를 합쳐서 만든다.

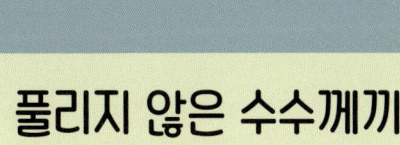

키푸는 기준이 되는 줄에 매듭을 묶는 독특한 방식의 문자이다.

풀리지 않은 수수께끼

인더스 문명은 돌로 된 인장을 많이 남겼지만 아직 해독하지 못했어요. 현재 파악된 문자는 400개뿐인데, 단어마다 다른 기호를 사용한 문자 체계를 파악하기에는 너무 적은 수예요. **라파 누이**(이스터섬)의 목판에는 2,320글자에 달하는 문서를 작성하기 위해 '롱고롱고'라는 상형 문자 120개를 사용했는데, 의미는 전해지지 않아요. 이곳의 기록 방식도 독자적으로 발전했으리라 추정해요.

기원전 2000년경 인더스 문명의 돌 인장

기원전 2499년~기원전 1500년

몇몇 도시가 성장함에 따라 주변 토지와 정착지를 흡수하면서 왕국과 제국으로 발전했어요. 하지만 이 거대한 공동체는 홍수, 질병, 외세의 공격과 같은 재난에 취약했기에 쉽게 멸망했지요. 살아남은 공동체는 최초의 문학, 천문학, 발명품을 만들면서 문명의 수준을 한층 더 높였답니다.

기원전 2000년
인더스 문명 사람들은 **코끼리도 길렀는데,** 숲에서 작업하거나 전쟁 및 의례를 진행할 때 코끼리를 사용했다.

기원전 약 2000년
북극해 브란겔섬에서 **털 매머드가 멸종했다.** 빙하기를 대표하는 포유동물 매머드는 다른 지역에서 멸종한 후에도 섬의 독특한 환경 덕분에 수천 년 이상 살아남았으나, 여러 복합적인 요인으로 결국 멸종했다.

기원전 2334년~2279년
메소포타미아에서 아카드의 사르곤이 여러 왕국을 합쳐 최초의 제국을 세웠다. 효율적인 행정 체계 덕분에 성공할 수 있었다.

기원전 약 2030년
수메르에서 최초의 법전인 **우르남무 법전**이 쓰였다. 몇몇 범죄는 사형에 처했지만 대개는 벌금형이었다.

기원전 2499년

기원전 2285년~2250년
메소포타미아의 시인 엔헤두안나는 이름이 알려진 **최초의 작가**이며, 아카드 왕 사르곤의 딸로 추정된다.

기원전 2180년
이집트 고왕국이 몰락했다. 기원전 2040년에 중왕국이 건국될 때까지 내전, 가뭄, 기근이 국토를 할퀴었다.

기원전 2150년~1400년
세계 문학에서 가장 오래된 서사시 《**길가메시**》가 탄생했다. 친구가 죽은 후 영원한 삶을 찾아 떠난 길가메시의 여정을 이야기하고 있다.

기원전 1900년~1500년
인더스 문명이 쇠퇴했는데, 기후 변화 때문으로 추정한다. 기온 상승으로 사라스바티강이 말라붙고 이집트와의 교역이 감소했다.

기원전 1800년

메소포타미아 군대는 **전차**를 타고 이동하면서 적에게 화살을 쏠 수 있었다. 사람들이 승마를 시작하기 전인 기원전 2000년경부터 스텝 지대에서는 말이 끄는 전차를 사용했다.

기원전 약 1750년~1500년

메소포타미아 북쪽의 아시리아 천문학자들이 맨눈으로도 관측할 수 있는 **행성**인 수성, 금성, 화성, 목성, 토성을 확인했다. 이들이 별자리에 붙인 이름의 일부는 지금도 사용한다.

올메카 문명의 주요 유물은 돌로 만든 거대한 두상이다.

기원전 1500년~200년

남아메리카 최초의 문명인 **올메카 문명**이 멕시코만에서 돌과 벽돌로 대도시를 건설했다.

기원전 1500년

기원전 1795년~1750년

바빌로니아 **함무라비 법전**은 당한 대로 갚아 준다는 '눈에는 눈 이에는 이'처럼 범죄에 따른 신체적 처벌을 정해 놓았다.

기원전 1700년~1100년

아메리카 대륙 원주민들은 흙을 다수의 반원 모양으로 쌓은 거대한 흙 구조물인 '**파버티 포인트**'를 만들었다.

기원전 약 1600년

중국 역사상 최초의 왕조인 **상왕조**가 시작됐다.

이 빨간 선이 티라섬의 원래 모양이다. 화산 폭발로 현재의 초승달 모양이 되었다.

기원전 약 1650년~1550년

그리스 **티라섬**(산토리니섬)은 **화산**이 폭발하면서 산산조각 났다. 지진과 해일이 일어나 바닷물에 잠겼고, 두터운 화산재가 인근 섬들의 정착지를 파괴했다. 지난 1만 년 중 가장 강력한 화산 폭발이다.

기원전 1500년

남아메리카에서 처음으로 **코코아 열매**를 재배했다.

기원전 1500년

산스크리트 최초의 기록물인 베다 경전이 **힌두교**의 기본 원리를 자세히 담았다. 사람을 다양한 사회 계층으로 나누어서 사는 곳과 하는 일을 다르게 규정한 인도의 **카스트 제도**가 이 시기에 시작되었다.

중국의 왕조

왕조는 특정 가문이 한 세대에서 다음 세대로 이어지면서 통치하는 시대를 의미해요. 이집트 파라오부터 유럽 왕가까지 왕조는 전 세계에 일반적이지만, 중국 왕조가 가장 유명해요. 중국 역사는 전통적으로 왕조에 따라 구분하는데, 새로운 왕조가 시작하면 역사의 새로운 장이 열린답니다.

중국 왕조의 시작

많은 역사학자들이 중국 최초의 왕조인 **하왕조**를 전설의 나라라고 생각해요. 기원전 2100년경에 우왕이 건국했다고 추정하는 하나라는 역사적으로 검증된 첫 번째 왕조가 시작한 기원전 1600년까지 이어졌어요. 우왕은 홍수로 불어난 물을 관개 수로(근원지의 물을 논밭으로 보내는 물길)로 조절해서 안정적이고 부유한 나라를 만들었다고 해요. 그 뒤 탕왕이 폭군 걸왕을 꺾으면서 **상나라**가 시작했어요. 상나라는 안정적인 정부를 꾸리고 표준화된 문자 체계, 산업용 청동기 주조, 365일이 있는 달력, 종교 의식 같은 발전을 이뤘어요. 그러나 게으르고 제멋대로였던 상나라의 주왕을 **주나라**의 무왕이 무찌르면서 상나라는 기원전 1046년에 역사 속으로 사라졌답니다.

하나라 초대 국왕 우왕

세대 교체

주나라가 등장하면서부터 중국의 왕들은 자신들이 **천명**(하늘의 명령)에 따라 나라를 다스린다고 주장했어요. 하늘이 정당한 통치자를 골라서 돕기 때문에 왕을 쓰러뜨리는 일은 하늘을 거스른다는 의미지요. 하지만 하늘이 왕을 탐탁지 않게 여기면 지진, 기근, 반란 같은 끔찍한 일이 벌어진다고 생각했어요. 이런 일들은 황제가 천명을 잃었으니 새로운 왕을 선택해서 다른 왕조를 시작해야 한다는 신호로 여겨졌거든요. 이처럼 중국은 하늘에서 일어나는 일이 지상의 일에 영향을 준다고 믿었기 때문에 **점성술**이 매우 중요했답니다.

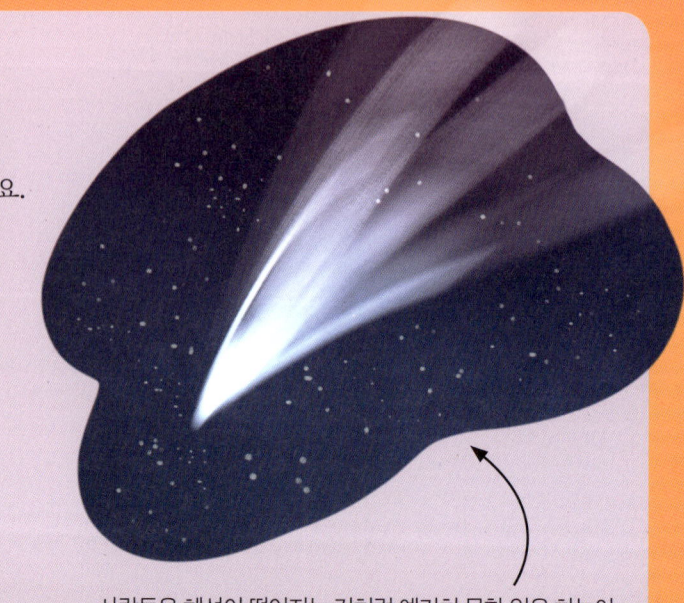

사람들은 혜성이 떨어지는 것처럼 예기치 못한 일은 하늘이 황제를 못마땅하게 여긴다는 불길한 조짐으로 여겼다.

기록하는 일

상나라에서 사용한 **신탁 뼈**에 새겨 있는 중국 최초의 문자를 통해 우리는 상나라를 알 수 있어요. 사제들은 뼈에 질문을 새기고 열을 가해서 갈라지게 만들었어요. 이들은 금이 간 모양을 보고 신의 대답을 알아내려고 했지요. 오래된 시기의 물건이나 기록은 과거에 일어난 일을 직접적으로 알려 주는 1차 자료로서 역사학자에게 중요해요.

갑골 문자

혼란의 과도기

초기 왕조의 통치는 안정적이지 못했어요. 중국은 아주 넓기 때문에 한 사람의 왕이 항상 전국을 다스리기는 어려웠거든요. 기원전 770년~기원전 475년의 **춘추 시대**와 뒤이은 **전국 시대**에는 수많은 군소국 지도자 사이에 끝없는 다툼이 벌어졌어요. 작은 나라가 1,000개 이상일 때도 있었는데, 전국 시대가 끝날 무렵에 군 지휘관들이 전쟁을 하면서 주요 국가 7개로 합쳤어요.

통일 중국의 등장

마침내 한 명의 지배자가 7개 나라를 통치하게 되었어요. 시황제는 기원전 221년에 **진나라** 최초의 황제에 등극했어요. 그래서 시황제를 진시황이라고 부르기도 해요. 기원전 230년에 진나라의 공격을 두려워한 한나라가 항복했어요. 그 후에는 진시황이 강의 물길을 돌리는 바람에 수도가 물에 잠기면서 완전히 파괴된 위나라가 무릎을 꿇었죠. 시황제는 서둘러 나머지 나라들도 통합했어요. 그는 군사력을 합치고 중앙 집권제를 강화했으며 나라 사이의 국경을 없애면서 중국을 통일했어요. '차이나(China)'라는 중국의 영어 이름도 '진(중국어 발음으로는 '친')'에서 따왔어요. 시황제는 기원전 210년에 사망해서 재위 기간은 짧았지만, 그가 건국한 통일 중국은 마지막 왕조인 청나라가 1912년 멸망할 때까지 이어졌어요.

하나라
주나라

진나라

■ 각 왕조의 영역
■ 현재 중국의 영역

기원전 1499년~기원전 800년

유럽에서는 청동기 시대가 막을 내리고 철기 시대가 시작했어요. 철제 도구와 무기는 청동기보다 튼튼하고 내구성이 뛰어나서 일찍 철기를 사용한 사람들은 그렇지 않은 사람들보다 모든 면에서 유리했지요.

기원전 약 1490년

지중해 연안의 시리아, 레바논, 이스라엘 북부의 도시 국가에서 **페니키아 문명**이 싹텄다. 페니키아 문명은 바다에 기반한 무역 문화였다. 그리스 알파벳과 신화의 기원을 페니키아로 추정한다.

기원전 1450년

크노소스를 제외한 크레타섬 미노아 문명의 모든 궁전이 화재로 소실되었다. **미케네 침략자**가 낸 불이라고 추정한다. 미케네 문명은 그리스 남쪽부터 사이프러스와 같은 인근 섬, 레반트, 이집트까지 뻗어 나갔다.

기원전 1250년~1150년

지중해 주변에서 **청동기 문명이 종말을 맞았다.** 도시는 파괴되고 기록 체계는 찾을 수 없게 되었으며 무역이 끊기고 죽음이 만연했다. 지진, 기후 변화, 기근, 반란, 침입이 모두 원인으로 여겨진다. 이후 철기 시대가 도래하였다.

기원전 1208년~1176년

바다 민족의 공격으로 그리스의 미케네 문명과 튀르키예 아나톨리아의 히타이트 문명이 파괴되었다. 하지만 바다 민족의 이집트 공격은 실패했다. 바다 민족은 이주자와 중앙아시아에서 온 난민의 연합이었다. 이들이 공격한 지역의 주민도 난민이 되면서 혼란을 부채질했다.

기원전 1499년

기원전 1258년

이집트 파라오 람세스 2세가 튀르키예에서 온 히타이트 침략군과 화해하고 현존하는 가장 오래된 **평화 조약**을 남겼다.

기원전 1324년

이집트의 왕 **투탕카멘**이 19세의 나이로 숨져 왕가의 계곡에 매장되었다. 1922년에 그의 무덤이 발견되면서 고대 이집트의 많은 부분이 밝혀졌다.

기원전 1100년

항해술이 뛰어난 폴리네시아인의 선조인 라피타족이 작은 목선을 타고 바다를 건너서 **피지**에 정착했다.

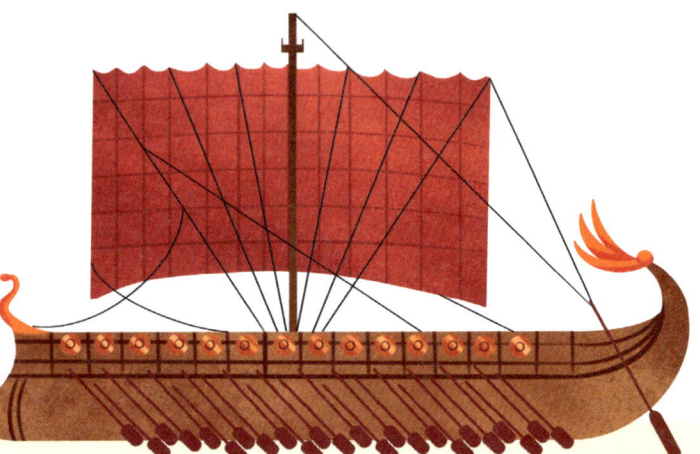

기원전 1100년

페니키아의 조선업자들이 군대에서 쓰는 배 **갤리선**을 개발했다. 노와 바람의 힘으로 움직이면서 적군의 배를 박살 낼 수 있는 파성퇴(적의 배를 들이받아 파괴하려고 뱃머리에 단 뾰족한 쇠붙이)를 앞쪽에 장착했다.

기원전 1100년~900년
라피타족이 타이완에서 출발하여 멀리 떨어진 태평양의 섬들에 자리를 잡았다.

기원전 900년~600년
초기 세계 제국의 하나였던 **아시리아 제국**이 현재의 이란, 쿠웨이트, 시리아, 튀르키예 지역을 다스렸다. 철제 무기를 사용한 아시리아는 전쟁을 통해 힘을 키웠다. 아시리아 군대는 처음으로 공병대를 두었는데, 이들은 사다리와 경사로를 설치하고 참호를 파는 일을 했다.

기원전 930년~900년
이스라엘에서는 **낙타를 길들여서** 구리 제품을 옮기는 일을 시켰다.

기원전 800년

기원전 1046년
중국에서 **주나라**가 상나라를 무너뜨리고 들어서면서 하늘이 주나라의 통치를 지지한다고 주장했다.

기원전 1000년
스텝 지역의 유목민, 특히 중앙아시아 유목민이 말을 탄 채로 활과 화살을 사용하는 법을 완벽히 터득하면서 역사상 최초의 **기병대**가 탄생했다. 이들이 전쟁에서 펼친 기습 작전은 기마 궁술로 알려졌는데, 보병대에 혼란을 일으키고 적군의 진형을 헝클어뜨리는 데 매우 효과적이었다.

기원전 10세기
솔로몬왕이 **예루살렘에 최초의 성전**을 지었다고 전해지지만 성전이 존재했다는 증거는 없다. 또 성전을 찾기 위해 도시에서 주민을 모두 내보낼 수도 없다.

기원전 800년
캐나다에서 이주해 온 초기 도싯족이 기원전 2500년경부터 **그린란드** 전역에 살던 사카크족을 몰아내고 그린란드 서쪽에 정착했다.

기원전 799년~기원전 500년

유럽에서 고대 그리스 문명이 출현했어요. 그리스에서는 처음으로 과학적인 접근법으로 세상을 이해했다는 증거와 민주주의를 향한 첫걸음이 나타나면서 현대 사회의 초석을 마련했어요.

기원전 705년~681년
아시리아의 왕 세나케리브가 메소포타미아의 도시 **바빌론**을 조직적으로 **약탈했다.**

기원전 6세기
현재 튀르키예의 일부인 리디아에서 처음으로 **금화**를 만들었다. 기원전 546년 이전으로 추정된다.

기원전 776년
그리스 올림피아에서 최초의 **올림픽**을 개최했으며 1000년이 넘도록 4년마다 열렸다. 12회 올림픽까지는 달리기 경기밖에 없었다.

기원전 650년
중국에서 **석궁**을 사용했다. 석궁은 전통적인 활보다 힘이 덜 들었다.

기원전 약 594년
그리스 아테네의 정치인 솔론이 시민을 네 개 등급으로 나누고 각 등급에 따라 **도시 운영** 참여 정도를 정했다. 하나의 지배 계층이 모든 결정을 내리는 데서 벗어나려는 움직임이었다.

기원전 799년

기원전 753년
전설에 따르면 로물루스가 **로마**를 건국했다. 로물루스와 레무스는 신 마르스의 쌍둥이 아들이라고 전해지는데 태어나자마자 버려져서 늑대가 젖을 먹여 길렀다고 한다. 다 자란 형제는 어디에 도시를 세울 것인가를 두고 다툼을 벌였고, 그 과정에서 로물루스가 레무스를 죽였다.

기원전 750년
이탈리아 북쪽과 서쪽에서 **에트루리아 문명**이 도시 국가 형태로 나타났다.

기원전 600년
켈트족 예술가들은 이리저리 엉킨 **리본으로 괴물**이 자기 꼬리나 다른 괴물의 꼬리를 물고 있는 문양을 만들었다.

기원전 585년
그리스 철학자였던 **밀레투스학파 탈레스**가 일식을 예측했다고 한다. 그는 신에 의존하지 않고 물리적인 인과 관계에 따라 우주가 어떻게 움직이는지 설명하려 했다. 천체에 과학적으로 접근한 최초의 인간이었다.

기원전 575년
네부카드네자르 2세가 바빌론의 출입구 한 곳에 **이슈타르의 문**을 세웠다. 이 문은 고대 세계에서 가장 유명하고 아름다운 건축물이었다.

기원전 약 551년~479년
중국 철학자 **공자**는 선하게 살면서 조상을 공경하는 일의 중요성을 가르쳤다. 그는 통치자가 도리를 지키고 인정이 많아야 한다고 믿었으며, 내면의 평온이 바깥 세계의 균형과 이어진다고 생각했다.

기원전 550년
키루스 대왕이 리디아(현재의 튀르키예), 아르메니아, 바빌론을 침공하고 정복하면서 처음으로 **페르시아 제국**을 건설하기 시작했다.

기원전 6세기~5세기
로마인들이 로마의 **숫자 체계**를 개발했다.

기원전 509년
고대 로마 왕국이 무너지고 **로마 공화국**이 세워졌다.

기원전 500년

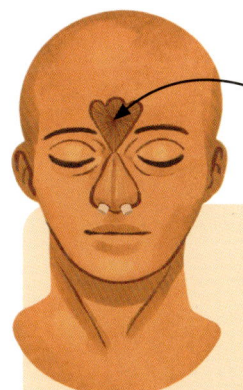

이마의 피부 조직을 떼어 접어 내려서 새로운 코를 만들었다.

기원전 550년
인도 외과 의사들은 형벌이나 전쟁으로 코를 잃은 사람을 위해 코를 재건하는 **성형 수술**을 실시했다. 이마에서 피부 조직을 떼어 뒤집는 방식이었는데, 마취 없이 진행되어 고통이 심했다. 아무는 동안 나무 관을 심어 콧구멍을 냈다.

· 페르시아 제국을 만든 다리우스 ·

다리우스는 기원전 522년에 페르시아의 왕으로 등극해 인도, 이집트, 그리스, 유럽 일부를 포함하여 제국을 크게 확장했다. 대규모 토목 사업을 벌이고 법을 정비했으며 도량형을 표준화하고 새로운 화폐를 도입했다. 다리우스의 법은 현재 이란 법의 근간을 이룬다. 다리우스왕은 기원전 499년부터 기원전 449년까지 그리스-페르시아 전쟁을 했고 기원전 486년에 세상을 뜨면서 첫째 아들 크세르크세스가 왕위를 계승했다.

기원전 508년
아테네의 정치인 클레이스테네스가 139개 시구(市區)에 남성 인구를 분배하면서 **아테네를 재편성했다.** 시구에 등록된 남자는 정치적인 의사 결정에 참여할 수 있었다.

기원전 500년
그리스 북부 도시 국가들이 가장 강력한 국가 스파르타의 지휘에 따라 연합하여 **펠로폰네소스 동맹**을 맺었다.

25

정부의 형태

초기 사회 집단이 어떻게 조직되었는지는 거의 알 수 없지만, 역사가 시작될 때부터 대부분의 문명에는 책임을 맡은 지도자나 왕이 있었어요. 이런 체제를 '군주제'라고 부르지요. 또한 문명이 점차 성장하고 복잡해지면서 더 세분화된 도시 조직과 관료제로 국가의 운영에 나섰답니다.

수렵·채집 사회

농사를 시작하기 전 사람들은 100명 이하의 집단으로 모여 살았어요. 이들은 옮겨 다니며 동물을 사냥하고 먹을 수 있는 뿌리, 열매, 견과, 씨앗을 채집했어요. 협동은 중요했지만 체계적인 조직화는 필요하지 않았지요. 이런 **수렵·채집 사회**는 일부 지역에서 기원후 1500년경까지 존재했지만 지금은 거의 찾아볼 수 없어요. 현존하는 수렵·채집 공동체로는 탄자니아의 하자족이 있어요. 하자족의 사회에는 위계 질서(권력이나 부의 계층)가 없는 다양한 무리가 있고, 토론을 통해 공동으로 결정을 내려요. 아마도 초기 수렵·채집인은 하자족과 비슷한 방식으로 살았을 거예요.

정착과 체계화

더 큰 규모의 정착민 집단은 수렵·채집 부족보다 조직화가 훨씬 더 많이 필요했어요. 각자 자기가 먹을 음식을 찾거나 사용할 무기나 도구를 만드는 대신, **일과 재산을 함께 나눌** 구조가 필요해졌지요.

권력을 가진 사람

대규모 공동체에는 대개 **위계 질서**가 있어서 한 개인이나 집단이 다른 이들보다 많은 부와 권력을 가졌어요. 처음에는 신체적으로 더 튼튼하거나 지지자를 더 많이 모을 수 있는 사람이 권력을 잡았죠. 이런 **지도자**나 **군주**는 자신의 권력을 유지할 수 있는 방식으로 사회를 조직했어요. 집단 내의 다른 사람이나 외부인에게 끌어내려질 위험에 자주 처했거든요. 보통 지도자는 세습하는 경우가 많았고 종종 혈통에 따라 이어졌어요. 많은 초기 정착지 유적에는 지도자가 살았을 것으로 추정하는 궁궐이 있는데, 공동체가 어떻게 운영되었는지 보여 주는 기록이 없더라도 웅장한 건물과 고급스러운 물건들은 군주가 살았던 곳임을 알려 줘요.

기원후 300년~600년 사이 초기 남아메리카 지도자의 모습을 본뜬 조각상

신의 권한을 부여받은 존재

어떤 지역에서는 왕이 자신의 통치에 정당성을 부여하기 위해 자신이 **신의 권한**을 가졌음을 주장했어요. 고대 이집트 왕 파라오의 역할 중 하나는 종교 의식에 참석해서 신과 평화롭게 지내는 거였죠. 지도자로서 파라오는 법을 만들고 언제 전쟁에 나갈지 결정했으며 공공재를 위한 세금을 걷었어요.

스스로가 신의 직계 자손이라고 주장하는 통치자도 있었어요. 이렇게 하면 경쟁자가 왕의 자리를 노리기 힘드니까요. 신이 황제를 지지하거나 황제가 신이라면 그를 반역하는 것은 신체적으로나 정신적으로도 위험한 일이었죠. 일본의 천황 역시 스스로 태양신의 자손이라고 주장하며 일본을 천황 중심의 나라로 만들었답니다.

민주주의의 시작

기원전 6세기 말 무렵 고대 아테네에서부터 정부를 새로운 관점으로 보기 시작했어요. 사람들이 집단을 이루어 스스로 정치적인 결정을 내리거나, 자신을 대신하여 결정할 대표를 선출하는 **민주주의**가 시작된 거죠. 소수 집단(왕족이나 매우 부유한 계층)의 지배에서 대중의 동의에 의한 지배로 바뀐 거예요. 그렇지만 아테네의 민주주의는 지금의 민주주의와는 달랐어요. 자유로운 성인 남자(노예나 여성이 아닌)만이 투표할 수 있었죠.

시민권을 가진 남자들이 의사 결정에 참여했다.

27

chapter 2

고대 세계

기원후의 시대가 시작하고 약 1000년 동안 전 세계에 엄청나게 큰 변화가 나타났어요. 강성한 제국들이 흥망성쇠를 겪었으며, 주요 종교들이 생겨나 자리 잡고 서로 경쟁했지요.

우리는 지중해와 중동의 강국들, 중국, 북아프리카 등에서 벌어진 사건, 전쟁, 작전 등을 상세히 기록한 역사를 가지고 있어요. 그래서 역사적인 인물의 이름이나 유명한 사건을 알고 있는 거지요. 특히 하나의 사건을 두고 서로 다른 집단이 남긴 기록도 볼 수 있는데, 특정 개인이나 집단의 설명은 자기 행동을 유리하게 묘사하기 때문에 편파적인 경우가 많아요. 가령 전투나 분쟁을 다룬 기록이 둘 이상이라면, 게다가 두 편이 서로 대립 관계였다면 여러 관점에서 사건을 읽을 수 있기 때문에 역사학자가 연구하는 데 큰 도움이 되겠지요.

하지만 어떤 지역은 기록을 거의 남기지 않아 무슨 일이 있었는지 알아내기가 어려워요. 예를 들어 북아메리카와 남아메리카, 오스트레일리아, 러시아, 북극 지방, 아프리카 대부분의 지역은 초기 기록이 없어서 문화가 어떻게 형성되고 자리 잡았는지 알 수 없답니다.

기원전 499년~기원전 350년

유럽에서 가장 먼저 문명이 꽃핀 곳은 그리스예요. 그리스는 자신들의 문화를 많은 지역에 전파하며 유럽 문화를 이끌었지요. 그리스의 철학, 과학, 문학에서 위대한 작품들은 기원전 5세기와 기원전 4세기에 만들어졌어요. 그러나 전쟁으로 불안한 시기이기도 했답니다.

기원전 약 486년
중국에서 양쯔강과 화이허강을 잇는 **한거우 운하**를 건설한다. 한거우 운하는 다른 고대 운하와 함께 약 1세기 뒤에 완공되었으며 오늘날에도 존재하는 대운하의 토대가 되었다.

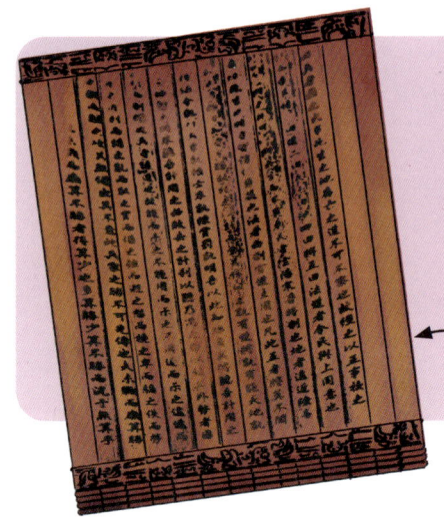

기원전 5세기
중국의 손자가 간첩의 유형과 필요성 등을 비롯하여 군사 작전과 전략을 설명한 《**손자병법**》을 썼다.

《손자병법》 원본은 죽간(글자를 기록한 대나무 조각)을 엮은 것에 썼다.

기원전 499년

기원전 490년
다리우스 1세가 지휘하는 페르시아 군대가 아테네를 공격했다. 그리스군은 마라톤 평원에서 벌어진 **마라톤 전투**에서 규모는 훨씬 작지만 잘 준비된 부대로 페르시아군을 격퇴했다.

기원전 481년~221년
중국에서 **전국 시대**가 시작되면서 여러 나라들이 땅과 권력을 차지하려고 전투를 벌인다. 동시에 농경, 무역, 철학, 예술에서 눈에 띄는 발전을 이루었다.

기원전 480년
다리우스의 후계자 크세르크세스가 **스파르타**를 공격했다가 패배한다. 전쟁은 기원전 449년에 평화 조약을 맺으며 끝났다.

기원전 450년~325년
멕시코의 **올메카 문명이 몰락하기** 시작했다.

· 그리스 도시 국가 ·

고대 그리스에는 1,000개 이상의 도시 국가가 있었으며 각 국가는 독립적인 정치 체계를 유지했다. 많은 도시 국가가 성벽으로 둘러싼 도시와 주변 시골 지역으로 이루어졌고, 통치 체계가 서로 달랐다. 예를 들어 스파르타는 두 명의 왕을 두었으나, 아테네는 투표로 모든 걸 결정했다.

기원전 431년~404년
스파르타와 아테네가 **펠로폰네소스 전쟁**에서 맞붙었다. 아테네가 패하면서 고대 그리스의 황금시대도 막을 내렸다.

현대 마라톤 거리인 42.195km는 마라톤 평원에서 아테네까지의 거리와 비슷하다. 전령(명령이나 문서를 전달하는 병사)이 아테네의 승전 소식을 전하기 위해 달렸다고 전해지는 거리다.

기원전 5세기

유대 민족이 기원전 6세기~기원전 5세기 무렵에 유대인과 세상의 기원을 설명하는 **토라**를 썼다. 전설에 따르면 기원전 1312년에 모세가 신에게서 토라의 내용을 받았다고 한다.

기원전 390년~387년

서유럽에서 **브렌누스**가 이끄는 켈트족은 무방비 상태의 로마를 기습 공격해 성공했다. 금을 받는 대신 평화 조약을 맺었다.

로마인들은 켈트족을 갈리아인이라고 불렀다.

기원전 430년~427년

아테네 역병으로 도시 인구의 3분의 1에 해당하는 약 7만 5,000명~10만 명이 사망했다. 어떤 전염병이었는지는 확실히 알려지지 않았다.

기원전 350년

기원전 약 416년

아테네의 정치인 페리클레스가 권력을 잡았다. 그는 아테네 정부를 개혁했고 이는 현대 **민주주의**의 근간이 되었다.

기원전 5세기

기원전 6세기~기원전 4세기에 인도에서 가우타마 싯다르타가 집을 떠나 떠돌아다니며 구걸하고 명상했다. 나무 아래에서 명상하다가 깨달음을 얻은 그는 **붓다**가 되었다.

• **파라카스 문명** •

파라카스 문명은 기원전 800년경에 페루에서 수백 년 동안 번성했다. 면과 알파카 또는 라마의 털로 만든 선명한 무늬의 직물, 네크로폴리스(공동묘지)로 유명하다. 이들은 기원전 5세기~기원전 3세기에 화려하게 엮어서 수를 놓은 천으로 미라를 감았다.

기원전 5세기~기원전 3세기 파라카스의 직물

알렉산더 대왕

알렉산더 대왕은 역사상 가장 영향력 있는 인물로 꼽혀요. 마케도니아와 그리스의 군대를 이끈 알렉산더 대왕은 페르시아와 인도에 이르는 대제국을 세우고 그리스 문화를 널리 전파했어요.

정복자의 아버지

알렉산더 대왕의 아버지인 필리포스 2세는 기원전 359년에 마케도니아의 왕이 되었어요. 그는 창과 방패로 무장한 보병들이 빽빽한 직사각형 모양으로 행군하도록 **군대를 개편했어요.** 이 전략 덕분에 마케도니아 군대는 무적이 되었고 필리포스 2세는 그리스 대부분을 정복할 수 있었어요. 그는 페르시아 제국을 침략할 계획을 세웠지만 기원전 336년에 암살되었어요.

필리포스 2세는 젊은 시절에 전투에서 오른쪽 눈을 잃었다.

정복 영웅

알렉산더 대왕(기원전 356년~기원전 323년)은 고작 20살에 아버지의 마케도니아 왕국을 물려받았어요. 페르시아 제국을 정복하겠다는 아버지의 계획을 따라 알렉산더는 이집트, 시리아, 이라크를 거쳐 군대를 이끌며 절대 패배하지 않았어요. 알렉산더 대왕은 불과 25살에 가우가멜라 전투(기원전 331년)에서 영광스러운 승리를 거두고 그리스의 왕, 소아시아의 통치자, 이집트의 파라오, 페르시아의 왕이 되었어요. 그는 더 멀리 동쪽으로 진군하면서 유럽 다뉴브강에서 인도 갠지스강에 이르는 대제국을 세웠죠. 알렉산더의 원정은 대담했으며 거의 불가능해 보였던 전투까지 승리로 이끌었어요. 그리고 인도에 이르렀을 때에야 진격을 멈췄죠. 알렉산더 대왕은 33살에 바빌론에서 열병으로 세상을 떠나기 전까지 **당시 최대의 제국**을 건설했답니다.

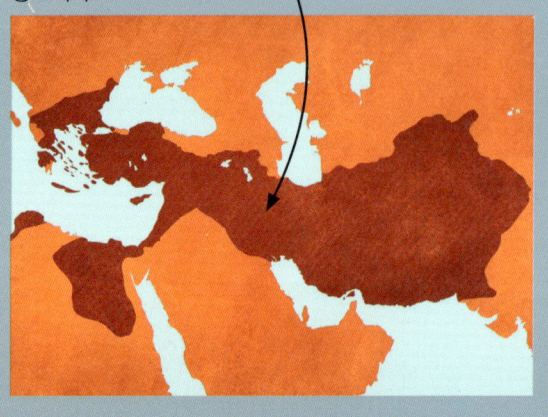

이 색으로 표시한 지역이 알렉산더 대왕이 세운 제국의 영토이다.

알렉산더의 인도 정벌을 저지한 코끼리 부대

알렉산더 대왕은 아끼는 말 '부세팔루스'의 이름을 따서 도시에 붙이기도 했다.

위대한 정복자

알렉산더 대왕은 뛰어난 군인 그 이상이었어요. 그리스 철학자 아리스토텔레스를 개인 교사로 두었던 어린 알렉산더는 **교양 있고 호기심 강한 사람**으로 성장했어요. 정복한 지역에 과학자들을 데려가서 새로운 식물과 동물을 조사하고 지질학을 연구했지요. 다양한 문화를 통합했으며 그리스의 지식과 관행을 전파하는 동시에 다른 지역의 관습을 받아들이고 존중했어요. 이집트에서 그들의 사원을 재건했고 페르시아에서는 그들의 궁중 예복과 풍습을 받아들였어요. 하지만 알렉산더 대왕은 잔인한 정복자이기도 했어요. 그의 군대는 패배한 병사들을 학살하고 여자와 어린이는 노예로 팔았어요. 페르시아의 웅장한 도시 페르세폴리스뿐만 아니라, 다른 뛰어난 도시들도 파괴하고 약탈했어요.

문화 전쟁

전쟁은 모든 것을 파괴하지만, 알렉산더 대왕은 정복한 영토에 많은 도시를 세웠어요. 그중 최초로 세운 도시는 **알렉산드리아**로, 이집트의 수도가 되었어요. 그리스 문화와 언어를 널리 전파한 알렉산더 대왕은 헬레니즘(그리스) 시대를 열었어요. 중동 지역은 300년 동안 그리스어를 사용하며 그리스 문화를 발전시켜 왔는데 여기에 이집트, 페르시아, 메소포타미아도 합류한 거죠. 이렇게 다채로운 문화적 상호 교류는 이후 2000년 동안 유럽, 북아프리카, 중동에서 학문이 발달하는 토대가 되었어요. 기원전 323년에 알렉산더 대왕이 세상을 떠나자 제국은 곧 분열되었고, 이를 둘러싼 다툼이 40년 동안 이어졌어요.

러시아와 아프가니스탄 국경에 있는 아이하눔의 원형 극장은 그리스에서 먼 지역이지만 그리스식 건축물의 모습을 하고 있다.

기원전 349년~기원전 250년

알렉산더 대왕이 당시 알려진 세상의 절반을 정복하는 동안 다른 제국들도 성장했어요. 인도와 이집트에서는 통치자들이 지배를 강화하고 영토를 넓혔지요. 그 뒤 지중해와 중국 사이에 항로가 개척되면서 새로운 세상이 펼쳐졌답니다.

기원전 약 300년

힌두교의 모태인 인도 베다교에서 중요한 세 명의 신, 브라흐마(창조의 신), 비슈누(보존의 신), 시바(파괴의 신)가 등장한다. 사람들은 브라흐마, 비슈누, 시바가 세상을 조정한다고 믿었다. 그 외에도 힌두교에는 매우 많은 신이 있다.

← 시바

← 브라흐마
← 비슈누

기원전 338년
마케도니아의 필리포스 2세는 카이로네이아 전투에서 그리스 연합군에 승리하면서 그리스 대부분을 손에 넣었다.

기원전 349년

기원전 336년
알렉산더 대왕이 아버지의 대를 이어 마케도니아의 왕이 되었다. 그는 역사상 가장 뛰어난 군사 지도자로서 유럽, 아프리카, 아시아에 걸쳐 영토를 확장했다.

기원전 323년
바빌론에서 **알렉산더 대왕**이 세상을 떠났다.

기원전 305년, 304년
프톨레마이오스는 원래 알렉산더 대왕의 장군이었다. 대왕이 죽고 제국이 분열되자 프톨레마이오스는 이집트에 대한 지배권을 주장하면서 기원전 30년까지 이어진 **프톨레마이오스 왕조**를 세웠다. 그는 알렉산드리아를 수도로 삼았으며 고대 세계에서 가장 큰 도서관을 지었다.

기원전 300년~
로마는 제국을 구석구석 연결하기 위해 돌로 포장된 8만 km의 도로를 건설했고 덕분에 군대, 사람, 물자가 쉽게 이동했다. **로마 가도**라고 알려진 이 도로 옆쪽에는 경사가 있어서 빗물이 고이지 않고 빠져나갈 수 있었다. 도로에는 배수로, 승마 전용 도로, 보도가 있었다. 이 도로는 지금도 쉽게 찾아볼 수 있으며, 유럽 일부 지역에서는 현대 도로 체계와 함께 사용한다.

기원전 321년
인도 찬드라굽타 마우리아가 정치인이자 철학자인 카우틸랴의 도움을 받아 인도 최초의 제국을 세웠다. 찬드라굽타의 군대가 워낙 훌륭했기 때문에 알렉산더 대왕의 부대가 인도까지 진격하지 않았으리라고 추측한다. 찬드라굽타가 다스리는 24년 동안 그의 제국은 남쪽과 북동쪽 끄트머리를 제외한 인도 전역을 차지했다.

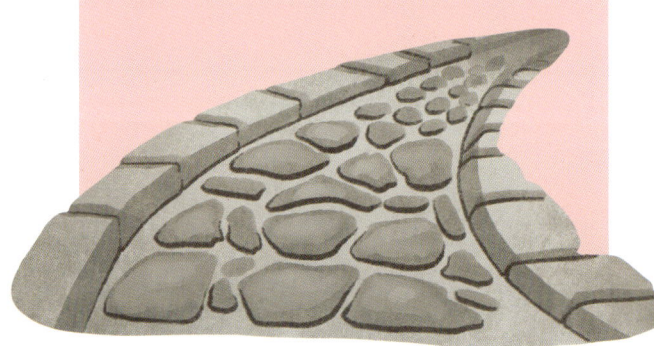

기원전 3세기
북아프리카 베르베르족이 누미디아와 마우레타니아라는 두 **리비아 왕국**을 건설했다.

기원전 264년
로마에서 첫 **검투사 시합**이 열린다. 검투사는 대중을 즐겁게 하기 위해 경기장에서 싸우도록 훈련받는다. 그들은 서로 싸우기도 했지만, 사형 선고를 받은 노예나 야생 동물과 싸우기도 했다.

기원전 약 275년
브리간테스, 이세니, 코리타니 같은 몇몇 **켈트족**이 브리튼섬에 자리 잡았다.

• 켈트족 •
켈트족은 원래 기원전 6세기부터 중부 유럽에 살던 다수의 부족이다. 그들은 기원전 3세기에 유럽 전역으로 흩어져 정착했는데, 그 범위가 동쪽의 튀르키예부터 서쪽의 포르투갈에 이르렀다. 켈트족은 비슷한 언어를 쓰고 다신교를 믿었다. 초기 켈트족은 기록을 남기지 않아서 그들에 대한 지식이 거의 없다.

기원전 250년

기원전 268년
아소카왕이 인도의 마우리아 제국을 다스리기 시작했다. 전성기의 마우리아 제국의 영토는 이란부터 인도 전역에 이르렀다. 훗날 아소카왕은 전쟁을 그만두고 불교에 귀의하여 인도에 전파하였다.

기원전 264년~241년
로마와 카르타고가 벌인 세 차례의 **포에니 전쟁** 중 첫 번째 전쟁이 일어났다. 카르타고는 북아프리카(현재의 튀니스)에 페니키아인이 세운 도시로서 당시 지중해 패권국이었다. 제1차 포에니 전쟁은 고대 세계에서 가장 큰 해상전으로 기록된다.

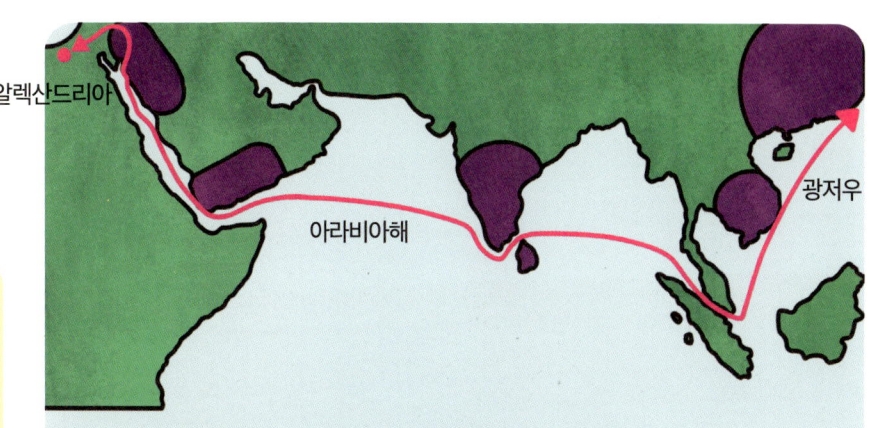

기원전 250년~기원후 250년
아랍 상인들이 이집트 알렉산드리아와 중국 광저우를 바다로 오갔다.

기원전 249년~기원전 150년

중국이 주요 강대국으로 떠오르기 시작했어요. 중국은 막대한 인구를 지닌 단일 국가로서 바깥세상과 제한적으로 교류하며 그들만의 방식을 개척해 갔지요. 역사의 상당 기간 중국은 고립 정책을 펼치면서 다른 나라와의 교역을 제한했어요. 그러는 동안 유럽에서는 로마의 힘이 점점 커지고 있었답니다.

기원전 221년

시황제가 중국 최초의 통일 국가인 **진나라**를 세웠다. 시황제는 국경을 없애고 도로와 운하를 놓아서 무역과 이동을 편리하게 했다. 권력을 잃을까 봐 걱정했던 그는 군대를 키우고 자신의 지위를 공고히 했는데, 마치 경찰 국가처럼 생활의 모든 부분을 통제했다. 기원전 213년에는 유교 철학을 담은 책을 불태우고 유학자 460명을 처형했다.

기원전 210년

시황제는 **병마용**과 함께 부비트랩(건드리면 폭발하는 장치)을 설치한 무덤에 매장되었다.

시황제 무덤 주변에는 병마용(흙을 구워 만든 병사와 말)이 가득하다.

기원전 249년

전투용 코끼리는 한니발 군대의 핵심 전력이었다.

기원전 218년

제2차 포에니 전쟁 초기에 카르타고의 장군 한니발이 군대를 이끌고 험준한 알프스산맥을 넘어 로마를 공격했다.

기원전 216년

한니발의 군대가 칸나에에서 로마 역사상 최대 규모였던 로마군을 섬멸했다. 로마 병사 4만 5,000명이 죽었는데, 이는 한니발의 군대에서 사망한 병사의 약 9배에 이른다.

기원전 210년~207년

진 이세황제가 **만리장성**을 쌓기 시작했다.

• 카르타고 vs 로마 •

세 차례에 걸친 포에니 전쟁은 당시 지중해 강대국이었던 카르타고와 로마 사이의 다툼이었다. 카르타고는 전부 패했고 평화 조약이 거의 50년 동안 이어졌으나, 기원전 146년에 로마가 카르타고를 침공하면서 도시를 완전히 불태워 버렸다. 그 후 로마는 약 600년 동안 카르타고를 지배했다.

기원전 200년~기원후 600년

페루 나스카 문명이 **사막에 거대한 문양**을 그렸다. 이 그림은 하늘에서 봐야 제대로 볼 수 있다. 그림의 목적은 알려지지 않았지만, 의식 행렬 중에 선을 따라 걷기 위해 그렸으리라 추정한다.

나스카 지상화는 세계 7대 불가사의 중 하나다.

기원전 196년

이집트에서 **로제타석**에 같은 내용의 글을 이집트 상형 문자, 민중 문자, 그리스 문자로 새겼다. 1820년대에 장 프랑수아 샹폴리옹은 로제타석을 연구해서 상형 문자를 해독했다.

기원전 150년

기원전 2세기

인도 기병대가 엄지발가락을 가죽끈에 걸치는 **발가락 등자**를 사용했다. 안장에 고정하지 않고 말 등에 걸치는 형태였다.

기원전 200년

사포텍 문명(기원전 500년~기원후 900년)이 **중앙아메리카 최초로 기록**을 남겼다. 기록은 정복된 지역을 적어 둔 '점령지 석판'에서 발견되었다.

기원전 2세기

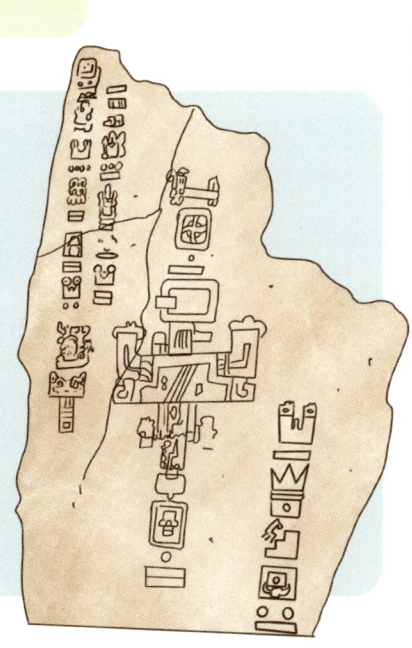

인도 중부 아잔타의 석굴 사원에 처음으로 **불교 미술** 조각이 새겨졌다. 조각은 불경 이야기와 붓다의 전생을 묘사한다.

기원전 149년~기원전 1년

로마와 중국은 발전을 거듭했어요. 특히 중국은 우수한 행정 체계 덕분에 국가를 효율적으로 운영했으며 철학, 예술, 기술이 발전했지요. 기원전 1세기부터 중국은 몇몇 분야에서 크게 앞섰으나, 고립 정책으로 신기술이 빨리 공유되지는 못했어요. 한편 로마는 군사 전략, 훈련, 기술, 도로와 같은 기반 시설 건설에서 독보적이었답니다.

• 무역로 실크 로드 •
'실크 로드'는 중동과 유럽을 극동아시아와 잇던 무역로다. 튀르키예 안티오크부터 시리아 사막과 이라크를 지나 동쪽으로 뻗어 이란, 투르크메니스탄, 아프가니스탄을 관통하여 몽골과 중국에 이른다.

기원전 125년
중국 외교관 장건이 기원전 138년~기원전 126년 동안의 서아시아 탐방을 마치고 귀국했다. 이에 따라 중국은 **실크 로드**(비단길)를 통해 바깥세상과 교류하게 되었다.

실크 로드는 중국과 지중해를 연결했다.
아라비아반도 / 페르시아 / 인도 / 중국

기원전 64년
로마가 시리아를 강제로 합병하면서 실크 로드가 지중해까지 뻗어 나갔다.

기원전 149년

기원전 124년
중국 행정 관료를 양성하는 교육 기관인 **태학**이 문을 열었다. 행정 관료는 황제의 지시를 따르면서 국가를 운영했다. 공자의 사상에 뿌리를 둔 중국 행정 체계는 2000년 동안 중국 정책의 방향을 결정했다.

기원전 73년~71년
검투사 **스파르타쿠스**가 고대 로마에서 가장 큰 규모의 노예 반란을 일으켰다. 그는 노예 약 70명과 검투사 양성소에서 탈출하여 노예 12만 명을 이끌고 로마로 진격했다. 스파르타쿠스가 전사할 때까지 전쟁은 3년 동안 이어졌으며, 남은 노예들은 학살당했다.

기원전 146년
로마가 **제3차 포에니 전쟁**에서 카르타고를 격퇴하며 끝이 났다. 로마는 카르타고를 약탈하고 주민을 노예로 삼았다. 100년 후에 로마의 독재자 율리우스 카이사르가 새로운 카르타고를 계획할 때까지 카르타고 땅은 황무지였다.

기원전 107년
로마군이 개혁을 통해 제대로 장비를 갖춘 직업 군인으로 탈바꿈했다. 숙련된 각 군인이 자신의 장비를 직접 다뤘다.

기원전 58년~50년
율리우스 카이사르가 갈리아(현재의 프랑스, 이탈리아 북부, 네덜란드 남부, 벨기에, 독일 라인강 유역, 스위스)를 정복했다. 카이사르는 잉글랜드에도 병력을 보내서 부족들을 제압하고 조공(물품)과 노예를 받았다.

기원전 1세기

기원전 3세기에 인도 산치에 지어졌으며, 현존하는 가장 오래된 **불교 사원 스투파**가 이 시기에 크게 바뀌었다. 스투파는 언덕 모양의 구조물로서 성물이 모셔져 있으며 명상하는 장소로 쓰인다.

기원전 48년

클레오파트라가 이집트의 유일한 통치자가 되기 위해 동생이자 남편이었던 프톨레마이오스 13세와 겨뤘다. 클레오파트라가 이겼는데, 율리우스 카이사르를 사로잡아 자기 편으로 만든 덕분이었다.

기원전 44년

'종신 독재관'에 오른 **율리우스 카이사르**가 원로원 의원들에 의해 **살해된다**. 이들은 너무 많은 권력을 가진 카이사르가 로마 공화국을 위협할까 봐 두려워했다.

기원전 27년

로마 공화국이 무너지고 로마 제국이 건국되며 **아우구스투스**가 초대 황제에 오른다. 아우구스투스는 역사상 위대한 지도자로 손꼽힌다.

기원전 1년

기원전 1세기

중앙아메리카 마야 문명이 **52년을 주기로 하는 역법**을 개발했다.

이 둥근 달력 '촐킨'은 1년 260일 주기이며, 마야 역법의 핵심이다.

기원전 약 20년

헤롯왕이 **예루살렘 성전**을 훨씬 더 큰 규모로 다시 짓기 시작한다. 성전은 로마 침략군이 파괴한 기원후 70년까지만 존재했다.

기원전 약 6년

역사학자에 따르면 **예수**는 기원전 6년 정도에 **베들레헴에서 태어났다**고 한다. 기원후 525년 기독교가 예수의 탄생일을 기원후 1년으로 추정하면서 기원전과 기원후로 연도를 표기하는 체계가 생겼다.

로마 제국의 등장

로마는 이탈리아 서해안 근처에서 하나의 도시로 시작했지만, 기원후 1세기가 끝날 무렵에는 인구가 당시 세계 인구의 3분의 1에 해당하는 400~500만 명이나 될 정도로 커졌어요.

로마 공화국

기원전 509년 로마의 마지막 왕 타르퀴니우스가 오랜 변화의 과정을 겪은 끝에 폐위되었어요. 당시 도시 국가였던 로마는 부유한 귀족 계층의 남자들이 지배했기 때문에 이를 반대한 다른 시민들은 반감을 품었어요. 기원전 494년 후에는 좀 더 많은 남성 시민이 권력을 나눠 가졌어요. 시간이 흐르면서 입법부와 선출된 공직자로 구성된 복잡한 정치 구조가 발달했는데, 이들이 로마를 다스리고 법과 정책을 결정했어요. 그러면서 로마는 **공화국**이 되었답니다.

이 색으로 표시한 지역은 로마 제국의 최대 영토예요.

로마의 전성기

원래 이탈리아에는 영토와 국경을 두고 싸우던 도시 국가들이 모여 있었어요. 로마의 남성은 의무적으로 군 복무를 해야 했지요. 기원전 275년 로마군은 이탈리아 대부분을 점령하면서 무적의 전투 기술을 개발했어요. 로마는 포에니 전쟁(기원전 264년~기원전 146년)에서 **카르타고**를 이기고 마케도니아 전쟁(기원전 214년~기원전 148년)에서 **그리스**를 꺾으면서 지중해 강대국이 되었어요.

군사력

로마군은 군단으로 나뉘었는데, 신중하게 고안된 전략과 여러 단계의 지도자 조직을 갖추고 다양한 유형의 전투에 맞추어 훈련했어요. 3단계로 이뤄진 보병과 기병이 있었는데 전문성과 무기가 적은 군인부터 점점 더 숙련된 사람의 순서로 전투에 투입시켰어요. 그러면 로마와 싸우는 적이 전투할수록 점점 더 경험이 풍부하고 힘이 넘치는 군대와 만나게 되어 타격을 크게 입지요.

기원전 107년부터 지휘관 **가이우스 마리우스**가 대대적인 군사 변혁을 꾀했어요. 이제 군인들은 국가에서 제공하는 창과 칼을 갖추고 훈련했죠. 순식간에 입대하려는 남성이 늘어나면서 이들은 정규군이 되었어요. 가이우스 마리우스는 점령지에서 군인을 모집했는데, 그 지역에서 싸우는 데 적합한 특별한 기술을 지닌 사람을 고를 수 있었어요.

보병들은 커다란 방패로 앞과 위를 완전히 막는 '거북대 전술'을 펼쳤다.

공화국에서 제국으로

군사 개혁은 예상치 못한 결과를 가져왔어요. 군인들은 급여를 높이기 위해 지도자에 의존하게 되었고 국가보다 지도자에게 충성했죠. 지도자 사이에서는 권력 다툼이 점점 더 잦아졌고 부정부패가 심화되었어요. 결국 **율리우스 카이사르, 폼페이, 크라수스**가 로마의 지배권을 잡는 '삼두 정치'로 이어졌지만, 오래가지 못했답니다. 크라수스는 전사했고 폼페이는 율리우스 카이사르와 함께 참전했다가 사망했거든요. 살아남은 카이사르는 독재관으로 권력을 휘둘렀지만 원로원 의원들에게 암살되면서 공화국이 무너지고 **로마 제국**이 시작되었답니다. 기원전 27년 로마 제국의 초대 황제는 카이사르의 양자였던 **아우구스투스**였어요.

원로원 의원들은 법과 정책에 대해 조언했다.

80년에 로마의 콜로세움이 완공되었다.

서양 고대 최대 제국

로마 제국은 오랫동안 번영을 누렸고, 117년에 절정에 이르러 **서양의 최대 제국**이 되었어요. 로마는 정복지 전역에 뛰어난 도로를 건설하고 수로를 놓았으며 건물을 지었는데, 일부는 오늘날에도 남아 있어요. 로마인은 잉글랜드 북부부터 튀르키예와 북아프리카에 이르기까지 제국 전체에 라틴어와 로마 문명을 전파했답니다.

로마는 수로로 많은 양의 물을 효과적으로 운반하였다.

1년~250년

로마 제국이 여전히 유럽을 지배했으나, 갈리아족과 정복지의 다른 집단들이 로마인을 위협했어요. 아메리카 대륙과 사하라 사막 이남의 아프리카에서는 새로운 문명이 싹을 틔웠어요. 문자 기록은 거의 남기지 않았지만, 여러 예술 작품과 건축물 등이 그들의 수준 높은 기술력을 보여 준답니다.

1년~800년
페루 북부 **모체** 문명은 금속 공예품과 도자기 같은 예술품으로 유명하다. 복잡하게 이어진 운하와 수로로 농사에 필요한 물을 댔다.

60년
브리튼섬 이세니족의 켈트 여왕 **부디카**가 로마에 저항하여 반란을 일으켰다. 부디카는 카물로두눔(현재의 콜체스터)에 있던 로마 본거지를 파괴했으며, 베룰라미움(현재의 세인트알반스)과 론디니움(현재의 런던) 같은 도시를 불태우고 로마 시민 8만 명을 학살했다.

79년
베수비오산 화산 폭발로 로마 제국의 폼페이와 헤르쿨라네움이 파괴되었다. 화산재와 바위에 완전히 매몰된 두 도시는 1600년 후에 재발견된다.

1년

약 30년
예루살렘 외곽에서 **예수가 십자가에 못 박혀 처형됐다.** 이후 예수의 제자 베드로가 소수 기독교인들을 이끌었다.

43년
클라우디우스 황제가 재위하는 동안 로마군이 성공적으로 **브리튼섬을 침공했다.**

64년
네로 황제의 방화로 추측되는 화재로 **로마가 전소했다.** 네로는 타락하고 잔인한 황제였으며 자신의 어머니와 두 아내를 살해했다고 한다.

100년
아프리카에 **악숨 왕국**이 건국된다. 3세기~6세기 동안 악숨 왕국의 영토는 에티오피아, 에리트레아, 지부티, 소말리아, 소말릴란드에 이르렀다. 악숨은 농업과 금 및 상아 무역으로 번성했다.

100년
실크 로드를 따라 **불교**가 인도에서 중국으로 전파되었다.

100년

인상적인 도자기 제품, 예술, 기술을 발전시킨 **호프웰** 문화가 북아메리카에서 시작되어 미시시피 유역 전체에 퍼진다. 호프웰은 관개 수로와 복잡한 흙 둔덕을 만들었는데, 어떤 흙더미는 동물이나 기하학적 형태를 닮았으며 위에서 내려봐야 뚜렷하게 구별할 수 있다.

122년

로마 **하드리아누스** 황제는 로마가 점령한 브리튼섬을 스코틀랜드의 칼레도니아인으로부터 지키기 위해 잉글랜드 북부를 가로지르는 방벽을 쌓았다.

하드리아누스 방벽을 순찰하는 로마군

250년

약 105년

중국에서 품질이 뛰어난 **종이**를 발명했다. 초기의 종이는 대마로 만들었으며 기원전 2세기부터 쓰였다. 새로 나온 섬세한 종이는 기록과 문해력의 증진으로 이어졌다. 종이 덕분에 중국에서는 붓과 먹으로 그린 그림이 중요한 예술 형식이 되었다. 모자, 갑옷, 창문도 종이로 만들었다.

종이 제작

약 150년

그리스-이집트계 천문학자 **프톨레마이오스**가 지구를 태양계의 중심에 두는 **천동설**을 주장했다. 천동설은 지동설이 나오기 전까지 거의 1500년 동안 지속됐다.

166년

바닷길로 **중국을 방문한 로마 사절단**이 기록에 처음 등장한다.

250년~538년

야마토 정권이 세력을 키워 현재 일본의 절반에 가까운 지역을 다스렸다. 힘 있는 자리를 약속하면서 정권에 합류하도록 지방 호족을 설득하는 경우가 많았지만, 때때로 군사력이 동원되기도 했다.

나침반 / 화약으로 쏘는 폭죽 / 활자

• **중국의 4대 발명품** •

중국은 세계를 바꾼 네 가지 물건을 발명했는데, 그중 첫 번째가 종이다. 나머지는 항해용 나침반, 화약, 인쇄술이다. 특히 인쇄술이 발달하면서 종이의 수요는 더 늘어났다.

251년~450년

로마 제국은 안팎으로 다른 세력의 도전에 휩싸였어요. 특히 카자흐스탄에서 기원했다고 추정하는 훈족은 유럽 전역을 휩쓸고 다니며 마주치는 모든 이를 공포로 몰아넣었어요. 훈족이 몰아붙인 이주민이 서쪽으로 물밀듯이 밀려가면서 로마인과 충돌했답니다.

284년

디오클레티아누스가 로마 황제로 등극하고 얼마 되지 않아 영토를 동서로 나누었다. **동로마 제국**은 비잔티움(현재의 이스탄불)을 수도로 삼았기에 비잔틴 제국이라고도 한다.

4세기 초반

중국에서 한 쌍으로 된 **등자**를 사용했다. 덕분에 말을 탄 상태로 말을 조종할 수 있었다. 등자는 중앙아시아의 유목 민족과 함께 서쪽으로 전파되었다.

251년

312년

콘스탄티누스 대제가 이전까지 금지했던 **기독교**를 받아들이고 서로마 제국에서 이를 장려했다.

319년~467년

굽타 제국이 찬드라굽타와 그의 아들 사무드라굽타의 지휘 아래 소국들을 합병하면서 인도 대부분을 차지했다. 인도의 황금 시기였으며 문학, 조각, 건축, 천문학, 의학이 발달했다.

313년

콘스탄티누스 대제가 전투에서 동로마 제국을 꺾고 제국을 재통일했다. 콘스탄티누스는 수도를 비잔티움으로 옮기고 324년~330년에 **콘스탄티노폴**이라는 이름으로 도시를 재건했다.

콘스탄티누스는 콘스탄티노플에 전차 경기장을 만들어 로마의 특징을 더했다.

350년

쿠시 왕국이 악숨의 공격을 받아 1000년 만에 **멸망했다.** 기후 변화와 반란이 쿠시의 멸망을 앞당겼다.

370년

유목민 **훈족**이 스텝 지대에서 유럽으로 이동하면서 **고트족**을 서쪽의 독일과 헝가리로 몰아냈다. 훈족과 고트족은 야만족 무리를 형성했으며 로마는 이들을 로마 문명에 대한 위협으로 여겼다. 유목민은 글로 된 기록을 남기지 않았기에 그들의 입장에서 전하는 역사는 알 길이 없다.

375년~500년

멕시코의 도시 **테오티우아칸**은 전성기 때 인구가 10만~20만에 달했고 피라미드와 사원을 포함한 대규모 건축물이 많았다. 테오티우아칸에 살던 사람과 종교에 대해서는 알려진 바가 거의 없으며, 상형 문자를 바탕으로 한 기록에는 이름과 날짜만 남아 있다.

케찰코아틀은 테오티우아칸에서 섬긴 신으로, 깃털이 있는 큰 뱀이다.

약 400년

폴리네시아인들이 마르키즈 제도에서 출발해 **하와이**에 도착했다. 그들은 1778년까지 다른 문화로부터 고립되어 지냈다.

450년

376년

로마의 핍박에 반발한 서고트족(본래 중부 유럽 출신)이 로마인 거주지를 공격했다. 이들은 378년에 아드리아노플에서 로마인을 꺾고 발렌스 황제를 살해했다. 역사학자들은 아드리아노플 전투부터 **로마 제국의 몰락**이 시작했다고 본다.

395년~398년

훈족은 동쪽에 있던 로마 영토를 침략하며 지나는 길에 있던 모든 것을 파괴하고 먼저 정착한 부족들을 몰아냈다. 승마의 명수였던 훈족은 빠르고도 잔혹해서, 로마인들은 공포에 떨었다.

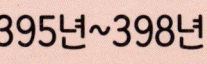

410년

알라리크가 이끄는 **서고트족**이 로마를 약탈했다. 이들은 800년 만에 처음으로 로마에 난입한 침입자였으며, 유럽 전역의 로마인 정착지를 공격했다.

• 세계 정복자 아틸라 •

훈족의 아틸라(재위: 434년~453년)는 중앙아시아에서 프랑스에 이르는 제국을 건설했다. 훈족은 기록을 남기지 않았고, 남아 있는 기록은 그들의 적이 작성했기 때문에 훈족의 야만성에 대한 내용이 담겨 있었다. 동로마 제국을 강탈한 아틸라는 451년에 서로마 제국을 공격했으며 다음 해에는 이탈리아로 진격했다. 하지만 로마 바로 앞에서 진격을 멈추고 훈족의 본거지로 돌아갔다. 453년에 세상을 뜬 아틸라의 무덤은 아직 아무도 발견하지 못했다.

451년~632년

중국과 일본이 번영을 누렸어요. 중국 당나라에서는 과학, 철학, 정치, 문학이 눈부시게 발전했어요. 그동안 일본도 정부의 안정적인 기반을 다졌지요. 중국은 대운하 덕분에 거대한 제국의 이곳저곳을 연결할 수 있었어요. 한편 중동에서는 무함마드의 가르침을 통해 무슬림 종교, 즉 이슬람교가 시작되었답니다.

455년
반달족이 로마를 공격하고 약탈했다. 하지만 문화유산을 파괴하지는 않았다.

476년
오도아케르 장군이 어린 황제 로물루스 아우구스툴루스를 폐위하고 스스로 왕위에 오르면서 서로마 제국이 최후를 맞는다.

526년
지진으로 튀르키예의 **안티오크가 파괴되고** 뒤이어 화재가 며칠 동안 도시를 휩쓸었다. 약 25만 명이 목숨을 잃었다.

539년
긴메이 천황이 형의 뒤를 이어 일본 29대 천황으로 즉위한다. 백제와 긴밀한 관계를 이어 갔는데, 특히 백제 성왕이 긴메이 천황에게 불상과 경전, 승려를 보내면서 불교를 최초로 받아들였다고 한다.

451년

6세기
인도 굽타 제국에서 **체스**의 초기 형태로 보이는 차투랑가 경기를 했다. 차투랑가에는 현재 체스에서 사용하는 말 중 네 개만 있었지만, 시간이 흐르면서 경기가 발전했다.

536년~560년
일련의 **화산 폭발**로 대기에 먼지와 재가 가득해지고 햇볕을 막는 바람에 최악의 '화산 겨울'이 닥쳤다. 추위, 안개, 가뭄으로 전 세계에 흉년이 들고 기근이 닥쳤다.

6세기
유럽에서 **수도원**이 늘어났다. 수도사들은 성경을 직접 필사했다.

604년
일본 **쇼토쿠 태자**는 17조 헌법을 만들어서 국가를 순조롭게 운영하는 데 필요한 자질과 가치를 설명했다. 쇼토쿠는 일본이 중국과 가까워지게끔 중국 문화와 불교를 장려했다.

약 610년

중국 수나라에서 대운하 확장과 보수 작업을 시작했다. 이는 산업 혁명 전까지 세계 최대 규모의 토목 공사였다.

서턴 후 매장지에 사람은 발견되지 않았다.

약 610년~635년

보물을 실은 앵글로·색슨의 길고 좁은 배가 잉글랜드 **서턴 후**에 파묻혔다. 튀르키예 및 인도처럼 먼 곳에서 가져온 아름다운 물건들이 당시 앵글로·색슨의 수공예 기술과 해외 무역 활동의 범위를 보여 준다.

약 613년

선지자 무함마드가 메카에서 알라의 가르침을 설파하면서 **이슬람교**가 탄생하게 되었다.

618년

중국에서 **당나라**가 건국되어 907년까지 이어진다. 당나라는 위대한 왕조 중 하나로서 정치 체계를 개혁하고 예술, 과학, 기술의 발전을 이끌었다. 당나라 최초의 황제인 당고조는 지금까지도 중국 법의 근간을 이루는 법률을 제정했으며, 지나친 과세에서 소작농을 보호하고 토지를 공평하게 재분배했다.

당나라 최초의 황제 고조는 618년부터 626년까지 재위했다.

검은 선은 현대 중국의 영토를 가리킨다.

이 색으로 표시한 부분이 당나라 영토이다.

622년

무함마드가 메카에서 메디나로 옮겨 갔고 아랍인과 유대인 사이의 해묵은 갈등을 해결해 달라는 요청을 받는다. 무함마드의 무슬림 추종자 대부분은 그를 따라 이동했는데, 이슬람에서는 이 사건을 '**헤지라**(대규모 이주)'라고 한다. 이 해를 이슬람력의 기원 원년으로 한다.

632년

632년

무함마드가 고열로 메디나에서 **세상을 떠났다**.

chapter 3
중세 세계

무함마드의 사후부터 1400년 사이에 '구세계'였던 유럽, 아시아, 아프리카는 교류가 잦았어요. 그러나 구세계와 아메리카 대륙 또는 오스트레일리아와의 교류는 없었어요.

흔히 중세라고 알려진 이 시대에는 전 세계적으로 많은 변화가 있었어요. 중동에서는 이슬람교와 기독교의 갈등이 표면화되었으며 동아시아의 한국, 중국, 일본은 근대 국가로서의 정체성을 확립했지요. 또 대규모 제국이 세워지던 시기로서 종종 치열한 전투가 벌어졌답니다.

몽골 제국은 최전성기에 중국에서 중부 유럽까지 세력을 뻗어 나갔고, 서아프리카 대부분은 말리 제국의 영향 아래에 있었어요. 유럽은 기독교를 믿으며 아랍계 무슬림에게 무시무시한 맹공격을 퍼붓기 시작했어요. 특히 예루살렘이라는 성지와 이스라엘을 차지하려는 '십자군 전쟁'의 시기였어요. 중세 말기에는 흑사병이 유럽 전역과 아시아 일부를 휩쓸면서 수백만 명이 목숨을 잃었어요. 이 인류 최악의 전염병은 유럽을 뒤흔들고 역사를 바꾸어 놓았답니다.

633년~749년

무함마드가 세상을 뜬 후, 정통 칼리파의 아랍계 무슬림은 무함마드가 시작한 확장을 계속하면서 서아시아의 맹주가 되었어요. 같은 시기에 바다의 해적 노르만족 바이킹이 북쪽에서부터 유럽 해안 지역을 습격하기 시작했어요.

633년~656년

아랍계 무슬림이 이라크의 사산 왕조와 시리아의 비잔틴 제국을 공격했다. 이들은 636년에 시리아, 요르단, 팔레스타인을, 640년~642년에 이집트를, 이후 지중해 사이프러스와 로도스섬을 점령했다. 그러나 내전이 일어나면서 656년에 확장을 멈췄다.

661년~750년

우마이야 왕조의 아랍계 무슬림이 북아프리카 너머 이베리아반도, 이탈리아 일부, 그리스, 동유럽, 파키스탄까지 제국을 확장했다. 우마이야는 모든 무장봉기와 내전을 가차 없이 진압했다.

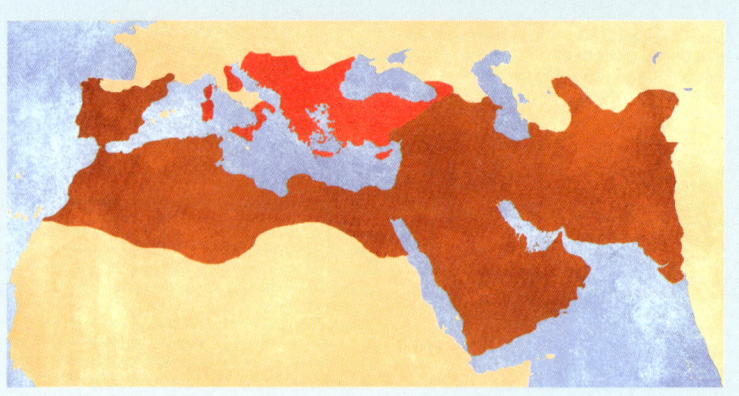

- 우마이야 제국
- 비잔틴 제국에서 빼앗은 영토

633년

638년

예루살렘이 무슬림에게 항복했다. 무슬림은 예루살렘을 이스라엘 성지로 바꾸기 시작했다.

약 650년

사하라 사막 이남 아프리카와 아랍권 사이에 **노예 무역**이 성행했다. 대략 6백만 명이 붙잡히거나 지역 통치자로부터 끌려와서 이집트, 모로코, 알제, 콘스탄티노플(현재의 이스탄불)의 노예 시장으로 보내졌다.

7세기 후반

스칸디나비아의 바이킹이 좁고 긴 배를 개발했으며 노를 젓던 보트에 돛을 추가로 달았다. 덕분에 연안 지역에서 기습적으로 공격할 수 있을 만큼 배가 빨라졌다.

690년~705년

측천무후가 중국의 유일무이한 여성 황제로 재위했다. 측천무후는 궁전에서 세탁물을 관리하는 낮은 지위로 시작했으나, 황제와 결혼한 뒤 그의 사후에 당나라를 다스렸다. 자신의 통치가 당의 새로운 시작이기를 간절히 바라며 행정, 농업, 교육, 군사에 언어까지 개혁했다.

약 691년

예루살렘 성전산에 **바위의 돔**이 완공되었다. 이 돔은 이슬람교와 유대교 모두에게 신성한 바위 위에 지어졌다.

현재 요르단 후세인 전 국왕이 기증한 금박이 씌어 있다.

711년~714년

북아프리카 베르베르족의 지도자 타리크 이븐 지야드가 우마이야 왕조를 위해 서고트족에게서 에스파냐와 포르투갈을 빼앗았다. **알 안달루스**라고 부른 이 영토는 11세기까지 아랍계 무슬림이 지배했다.

6세기~7세기

0~9의 **아라비아 숫자**가 인도에서 처음 사용되었다.

735년~737년

일본 전역에서 **천연두**가 몇 차례 유행하면서 인구의 25~35%가 사망했다.

749년

약 700년

와리 문화는 매듭을 이용하여 숫자와 단어를 표시하는 **키푸**를 사용했다. 남아메리카 최초의 제국이었던 **와리 제국**은 약 1100년까지 이어졌다. 이들은 도로망과 내진 건축 양식을 남겼고 훗날 잉카에도 영향을 미쳤다.

초기 키푸로 기록한 언어는 아직 해독하지 못했다.

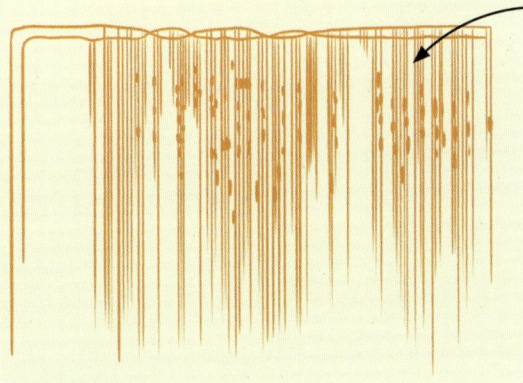

732년

카를 마르텔이 **투르 전투**에서 이슬람의 프랑스 침공을 막아 냈다.

718년

비잔틴 황제 레오 3세가 우마이야 군대의 콘스탄티노플 포위 공격을 끝내기 위해 **그리스 화약**을 이용했다. 당시에는 비잔틴 제국만의 비밀 무기였다.

약 725년

프랑스에서 카를 마르텔이 귀족에게 땅을 나눠 주면서 **봉건제**의 초석을 놓았다.

745년~752년

천연두 창궐 후에 부처에게 바치는 공물로 **도다이지**를 지었는데, 일본 재정이 거의 파탄 날 정도로 건축 비용이 많이 들었다.

도다이지는 한때 세계에서 가장 큰 목조 사원이었다.

오래된 종교

초기 종교는 보통 다신교(여러 신을 믿는 종교 형태)였으며, 어떤 종교는 개울이나 나무 같은 자연에 깃든 신성한 기운에 초점을 맞췄어요. 그런 많은 종교 중에서 지금까지 남아 있는 종교는 대부분 일신교(오직 하나의 신을 인정하는 종교)로서 기원전 350년~기원후 650년에 생겨났어요.

조로아스터교

조로아스터교는 기원전 1500년~기원전 1000년 사이에 이란에서 환영을 보고 가르침을 얻은 선지자 **자라투스트라**가 창시했어요. 조로아스터교의 유일신 **아후라 마즈다**는 선한 생각, 선한 말, 선한 행동을 강조하며 거짓을 혐오했어요. 초기 조로아스터교는 아후라 마즈다가 최고의 신인 다신교였어요. 조로아스터교의 가르침은 기원전 6세기까지 구전으로 전해지다가, 이후에는 기록으로 남았어요. 조로아스터교에는 천국과 지옥이 있으며, 이 세상이 끝날 때 온다는 심판의 날처럼 기독교와 이슬람교 같은 다른 종교의 요소들이 담겨 있어요.

조로아스터교의 신 아후라 마즈다

야훼는 불타는 가시덤불에서 모세에게 이스라엘인들을 이끌고 이집트 밖으로 나가라고 명령했다.

유대교

초기 유대교(유대인의 종교)는 기원전 6세기 무렵에 옛 이스라엘 종교에서 갈라졌고, 기원전 3세기에 **야훼**(여호와)만을 유일신으로 남겼어요. 히브리 성경은 천지창조부터 시작하여 고대 이스라엘인의 역사를 이야기하면서 유대인이 반드시 지켜야 할 규칙을 설명해요. 유대교에서 가장 중요한 선지자는 **아브라함**과 **모세**이며, 야훼는 모세에게 가장 중요한 규율인 '십계'를 석판에 새겨 주었어요.

기독교

기독교는 서기 30년경, **예수**의 사후에 시작되었어요. 기독교 **성경**에는 구약과 신약이 있는데, 신약은 예수의 삶을 이야기하고, 구약은 예수 출현 이전의 이야기죠. 기독교에서는 예수가 인간을 자유롭게 하고 죄를 씻어 내며 구약의 예언을 행하는 **메시아**라고 생각해요. 반면 유대교에서는 예수도 선지자의 한 사람이며, 메시아가 아직 오지 않았다고 믿어요.

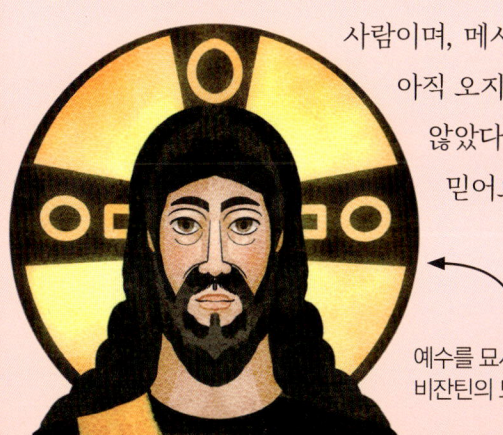

예수를 묘사한 비잔틴의 모자이크

이슬람교

이슬람교는 유대교 및 기독교와 구약을 공유하지만, **무함마드**를 신 **알라**가 보낸 최후의 선지자라고 생각해요. **무슬림**(이슬람교를 믿는 사람)은 서기 7세기에 알라가 무함마드에게 신성한 경전 **쿠란**을 받아쓰게 했다고 믿어요. 다른 중요한 선지자에는 아브라함, 모세, 예수가 있어요. 무슬림은 매일 기도하고 기부하며, 라마단 기간에 금식하고 최소 한 차례는 메카로 성지 순례를 가야 한다고 배워요.

메카에 있는 이슬람교 성전인 카바로 떠나는 성지 순례를 '핫즈'라고 한다. 카바는 마스지드 알 하람 모스크(예배 건물) 가운데에 있는 정육면체 건물이다.

불교

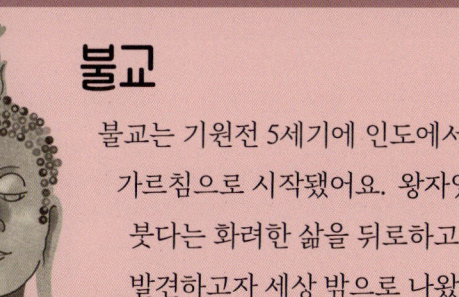

불교는 기원전 5세기에 인도에서 **붓다**의 가르침으로 시작됐어요. 왕자였던 붓다는 화려한 삶을 뒤로하고 진실을 발견하고자 세상 밖으로 나왔어요. 평범한 사람들이 고통받는 모습에서 충격을 받은 왕자는 나무 아래에 앉아서 명상하다가 깨달음을 얻었죠. 그는 사람들에게 선한 삶을 살라고 가르치면서 평생을 보냈어요. 불교도는 붓다의 가르침에 따라 살려고 노력한답니다.

힌두교

힌두교는 기원전 2000년 무렵에 인더스 계곡에서 시작한 광범위하고 다채로운 종교예요. 가장 중요한 신은 **브라만**으로서 힌두교도는 브라만이 어디에나 있으며 다양한 모습으로 나타난다고 믿어요. 브라만의 가장 중요한 모습은 창조의 신 **브라흐마**, 보존의 신 **비슈누**, 파괴의 신 **시바**예요. 힌두교는 삶, 죽음, 재탄생의 순환을 믿으며 세상이 주기적으로 파괴되고 새로 태어난다고 생각해요. 힌두교에는 신들의 이야기와 이들을 찬미하는 노래를 담은 여러 경전이 있어요.

750년~849년

8세기와 9세기에는 이슬람을 믿는 아랍 왕조의 힘이 커졌으며, 유럽에서는 프랑크족과 바이킹족이 부상했어요. 프랑크와 바이킹은 소규모 세력들이 각축전을 벌이던 유럽 지역을 차지하려고 다투면서 로마의 빈자리를 채웠답니다.

768년

피핀 3세가 세상을 뜨고 두 아들 카를로만과 샤를마뉴가 프랑크 왕국을 분할했다. 그 뒤 771년 카를로만이 죽고 나자 **샤를마뉴**가 왕국 전체를 넘겨받았다.

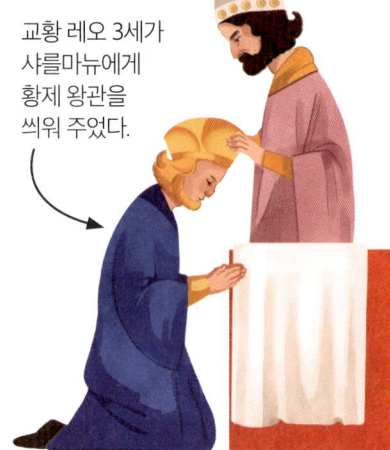

교황 레오 3세가 샤를마뉴에게 황제 왕관을 씌워 주었다.

750년

아바스 반란군이 다마스쿠스에서 우마이야 왕조를 타도하고 새로운 왕조를 시작했다. 이들은 **바그다드**를 수도로 삼았으며, 초대 칼리프 앗사파흐와 제2대 칼리프 알만수르는 잔혹 행위를 일삼았다.

· 근대 유럽의 아버지 샤를마뉴 ·

샤를마뉴는 46년에 걸쳐 프랑크 왕국을 에스파냐 북부에서 독일, 이탈리아, 헝가리 일부까지 확장했는데, 그의 사명은 기독교 전파였다. 샤를마뉴는 스스로 교회의 지도자임을 단호히 밝히고 800년에 교황에게서 신성 로마 제국 황제의 제관을 받았다. 그는 읽기와 쓰기 교육을 보급하고 아버지 피핀 3세가 시작한 농경 기술 발전에도 힘썼다. 여기에는 3년 주기로 윤작(여러 농작물을 해마다 바꾸어 심는 것)하는 기술도 포함되는데, 덕분에 수확량이 3분의 1 정도 늘었다. 샤를마뉴는 근대 유럽의 아버지로도 불린다.

750년

약 750년~1000년

마야 문명이 수 세기에 걸쳐 '마야의 붕괴'라고 알려진 문화 변동을 겪었다. 마야의 많은 대도시가 버려지고 사회가 무너졌다. 역사학자들은 왜 이런 일이 벌어졌는가를 두고 논쟁을 벌였으나, 인구 과잉, 가뭄, 전쟁, 정치적 불안이 합쳐져서 나타난 결과임에 무게를 두었다.

756년

무슬림 제국에서 벌어진 아바스의 학살에서 피신한 아브드 알라흐만 1세가 **코르도바 왕국**을 건국했다. 왕국은 에스파냐 대부분을 장악했으며, 중세 유럽에서 배움과 학문의 중심지로 발돋움했다.

약 770년

바그다드의 도서관이자 학교였던 **지혜의 집**에서 아랍 학자들이 고대 그리스, 시리아, 페르시아, 인도의 서적을 모아서 아랍어로 번역했다. 이 결과물은 중세 아랍 학문의 초석이 되었다.

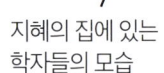 지혜의 집에 있는 학자들의 모습

751년

프랑스에서 피핀 3세가 프랑크 왕국의 왕위에 오르면서 위대한 **카롤링거 왕조가** 시작되었다. 피핀 3세는 영토를 넓혀 갔다.

약 795년

바이킹이 스코틀랜드를 **습격**하기 시작했으며 이는 수백 년 동안 이어졌다. 바이킹은 노르웨이에서 출항해서 유럽 전역의 항구를 급습하고 프랑스, 이탈리아, 브리튼섬, 아이슬란드 일부 지역에 정착하기도 했다. 훗날 바이킹은 북아메리카까지 진출한다.

빨간 화살표는 노르웨이와 덴마크의 바이킹이 택한 항로다.

초록 화살표는 스웨덴의 바이킹이 택한 항로다.

화약을 가득 채운 도자기 그릇은 수류탄의 초기 형태다.

9세기

중국 연금술사들이 **화약** 제조법을 발견했다. 화약은 무시무시하고 강력한 신무기의 개발을 촉진하며 전쟁에 막대한 영향을 미쳤다. 중국은 화약 제조법을 국가 기밀에 부쳤으나, 아랍인들이 1240년~1280년경에 몰래 알아냈다.

849년

794년~1185년

후지와라 가문이 일본을 장악했다. 후지와라 가문의 여자들은 천황이나 왕자와 결혼한 다음, 가문의 남자들을 섭정(왕이 직접 통치할 수 없을 때 왕을 대신하여 나라를 다스리는 일, 또는 그런 사람)으로 앉혀서 어린 천황을 대신하여 나라를 다스렸다. 이렇게 해서 후지와라 가문은 천황과 강한 유대 관계를 맺었다.

약 800년~16세기 중반

금세공인들이 콜롬비아에서 **무이스카 문명**을 꽃피웠다. 이들의 작품은 전설 속 황금의 도시 엘도라도 신화의 기원으로 잘 알려져 있다. 1500년대에 에스파냐 침략자들은 엘도라도를 찾기 위해 남아메리카를 샅샅이 탐험했다.

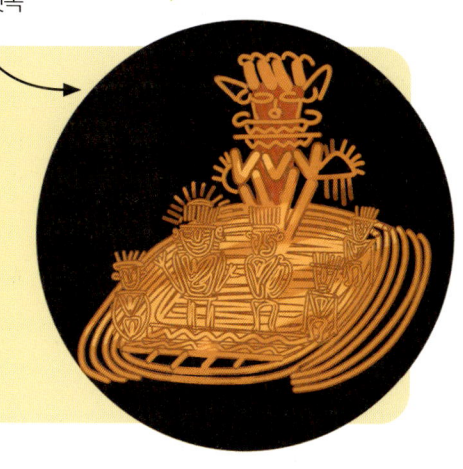

800년경에 만든 무이스카의 금 뗏목

9세기~11세기

가나 제국이 전성기에 이른다. 이들에게는 잘 훈련된 군대가 있었고, 무기 제작과 무역에 필요한 금속을 쉽게 얻을 수 있었기 때문이다. 가나는 서아프리카의 무역을 장악했는데 특히 금, 철, 상아, 피혁, 깃털, 노예 무역에서 두각을 나타냈다.

802년

캄보디아에 **크메르 제국**이 세워졌다. 1431년까지 이어진 크메르 제국은 전성기에 캄보디아, 태국, 라오스, 베트남 남부까지 차지했다.

850년~999년

유럽에서 새로운 세력권이 등장했어요. 바로 헝가리의 마자르족과 프랑스로 내려와 노르만족으로 자리 잡은 바이킹이었어요. 유럽은 이민족의 침입으로 분열과 혼란에 빠지면서, 왕이 아닌 영주와 농노를 중심으로 한 봉건제가 생겨났어요. 많은 이가 동유럽에서 납치되어 노예로 팔려 갔답니다.

봉건제 사회에서 토지는 큰 들판이 아닌 길고 좁은 땅으로 나뉘었다.

856년
이란 담간에서 역사상 다섯 번째로 강한 **지진**이 일어나 20만 명의 사망자를 냈다.

895년, 896년
마자르족이 카르파티아산맥을 넘어서 인구가 적은 모라비아 영토에 자리를 잡고 유럽 전역을 약탈하기 시작했다. 마자르족의 중심은 헝가리인이었고, 1000년에 **헝가리 왕국**이 세워졌다.

907년
80년간의 반란, 폭동, 암살, 혼란 끝에 중국 **당나라가 멸망**했다.

850년

868년
세계에서 가장 오래된 인쇄물인 **금강경**이 제작되었다. 금강경은 중국어 불경으로서 두루마리 종이에 인쇄되었다.

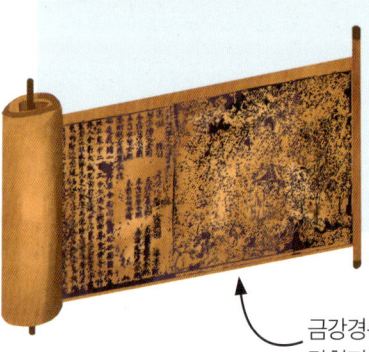

금강경은 1900년에 벽으로 감춰져 있던 동굴에서 발견되었다.

천연두는 전염력이 매우 강했다.

10세기
일본 의학서 《이신포》가 천연두 환자를 위한 **격리 병원**을 세우자고 제안했다. 당시 사람들은 신이 분노해서 천연두에 걸린다고 생각했지만, 그래도 이 병에 전염성이 있다는 걸 알았음을 의미한다.

911년
프랑스 영토를 수년간 약탈한 바이킹 지도자 롤로가 노르망디의 통치자로 임명됐다. **노르만족 바이킹**은 더 넓은 영토로 확장해 나갔고, 기독교도가 되었다. 990년경 노르망디는 프랑스어를 구사하게 되었다.

· 노예 제도 ·

유럽과 북아프리카 전역에서 노예제는 일반적이었다. 기독교 국가들은 무슬림 땅에서 기독교인을 노예로 파는 것을 금지했기 때문에 아랍 국가에서 행해진 노예 무역은 주로 이교도였던 스칸디나비아나 동유럽을 통해 이루어졌다. 많은 슬라브인이 이탈리아를 지나서 아랍 국가로 팔려 갔는데, 여기서 노예를 뜻하는 영어 단어 '슬레이브(slave)'가 탄생했다.

약 950년~1250년

중세 온난기라고 부르는 기간에 유럽의 기온이 약간 올랐다. 따뜻한 기후 덕분에 바이킹이 그린란드와 북아메리카까지 항해해 정착했다.

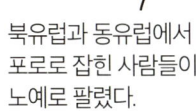

북유럽과 동유럽에서 포로로 잡힌 사람들이 노예로 팔렸다.

960년

장군 조광윤이 **송나라를 세우고 중국을 재통일**했다. 당나라가 멸망하고 나서 분열된 10개 왕국을 조광윤이 대부분 점령하였고 부하들에게 황제로 추대받았다.

999년

발 길이가 10cm 정도 되는 게 가장 이상적이라고 여겼다.

937년~975년

중국에서 **전족** 풍습이 시작되어 20세기 초까지 이어졌다. 전족은 여자아이가 5살쯤 되면 발가락을 발바닥 방향으로 접어 넣듯 꺾어 동여매어 자라지 못하게 훼손하는 것이다.

· 중세 유럽의 봉건 제도 ·

유럽에서 봉건제가 널리 확산된다. 봉건제는 지역의 토지, 일, 재산을 관리하는 방법이었다. 봉건제는 영주와 봉신(봉토를 받은 신하) 간의 충성 서약(충성에 대한 약속)에 따랐다. 영주가 보호해 주고 일해서 먹고살 수 있는 자투리땅을 주는 대신, 봉신은 영주에게 돈이나 수확의 일부를 바치고 필요할 때는 군인으로 복무했다. 봉건제에는 여러 계급이 있어서 왕이 귀족에게 토지를 하사하고, 귀족은 소규모 영주에게 땅을 나눠 주는 방식이었다. 가장 아래 계급에는 소유물처럼 땅과 함께 이동하는 농노가 있었다.

982년

아이슬란드에 살던 에릭 더 레드가 살인죄로 추방되어 그린란드까지 항해했다. 그는 그곳에서 도싯족을 만났고 **극지방에 사는 토착민**에 대한 최초의 기록을 남겼다.

1000년~1099년

기독교인과 무슬림 간의 적개심이 커졌어요. 기독교를 믿는 에스파냐가 이슬람교가 정복했던 영토의 일부를 되찾았어요. 하지만 기독교와 이슬람교의 주된 갈등은 성지 이스라엘에서 일어났답니다. 기독교 십자군 전사들은 이스라엘 예루살렘을 공격해 빼앗은 다음, 기독교인의 도시라고 주장했어요. 이 갈등은 200년 가까이 계속됐답니다.

약 1000년
탐험가 레이뷔르 에이릭손이 그린란드에서 북아메리카까지 항해해서 **빈란드**(뉴펀들랜드)에 자리 잡은 것으로 추정된다.

약 1000년
중국에 최초의 공식 **지폐**가 널리 보급되면서 개별 상인의 어음(돈을 주기로 약속한 표)을 대체했다.

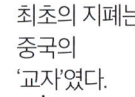

최초의 지폐는 중국의 '교자'였다.

1030년
타밀족의 **촐라 제국**이 전성기에 스리랑카와 인도 남부까지 다스리면서 동남아 전역에 영향을 미쳤다. 촐라는 세계에서 가장 오래 존속한 왕조 중 하나로, 기원전 3세기에 왕국을 세운 뒤 13세기 중엽까지 통치했다.

약 1050년~1450년
이페 왕국이 니제르에서 번영했다. 이페 사람들은 철을 제련했으며, 이들의 문화는 사람의 머리를 실물 크기로 만든 놀라운 금속 조각품으로 유명하다.

1000년

1000년
툴레족이 캐나다 극지방에서 동쪽으로 이주하여 1200년~1300년경에 그린란드에 도착했고, 도싯 문화를 바꾸었다. 툴레는 이누이트들의 조상으로서 1500년경에 극북 지역을 차지했다.

약 1021년
세계 최초의 **소설**이 일본에서 완성됐다. 무라사키 시키부의 《겐지 이야기》는 황실에서 쫓겨난 왕자의 일생을 이야기한다.

1050년~1250년
에스파냐의 기독교 군대가 아랍이 지배하던 많은 영토를 되찾았다. **레콩키스타**(기독교의 국토 회복 운동)는 11세기부터 1492년까지 이어졌다.

1054년
초신성의 잔해가 전 세계에서 관측되었다. 이것은 오늘날 게성운을 형성한다.

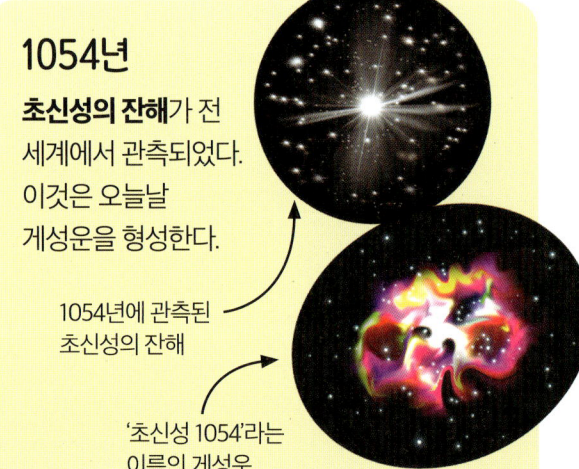

1054년에 관측된 초신성의 잔해

'초신성 1054'라는 이름의 게성운

1055년

이라크 셀주크 제국의 **투그릴**이 바그다드를 함락하고 부와이 왕조를 물리쳤다. 투그릴은 아바스 칼리프의 권력을 축소하고 페르시아 군대를 이용하여 다른 제국을 공격하면서 이슬람 세계 전체를 통일하려고 했다.

1095년~1099년

비잔틴 황제가 셀주크에 땅을 잃고 서유럽 강대국들에 도움을 청하면서 **제1차 십자군 원정**이 시작됐다. 교황 우르바누스 2세는 예루살렘을 재탈환하기 위해 첫 번째 십자군을 출정시켰다.

• 십자군 원정 •

십자군 원정은 1095년~1291년 무슬림이 차지한 성스러운 도시 예루살렘을 되찾으려 했던 기독교의 시도다. 유럽의 기독교 국가들은 힘을 합쳐 다양한 방식으로 아랍 국가들을 잔인하게 공격했다. 십자군 원정은 오늘날까지 이어지는 편협과 불신이라는 불명예스러운 유산을 남겼다.

십자군 원정은 침략, 잔혹, 학살로 얼룩진 수치스러운 시기였다.

1071년

셀주크 군대가 예루살렘을 점령했다.

1099년

1087년

한국의 **팔만대장경**은 불경을 집대성해 목판 8만 1,258장에 새긴 것인데 글자 수가 무려 5,200여만 자이다. 초판은 몽골이 침략하면서 1232년에 불타 없어졌으나, 1236년~1252년 다시 새겼다.

1066년에 목격된 핼리 혜성도 바이유 태피스트리에 묘사되었다.

1066년

노르만의 왕 **윌리엄**이 성공적으로 잉글랜드를 침략한다. 그는 유럽 대륙에서 브리튼섬을 점령한 최후의 정복자였다. 윌리엄은 1080년부터 노르망디 바이유에서 잉글랜드 정복 과정을 거대한 **태피스트리**(여러 가지 색실로 그림을 짜 넣은 직물)로 만들기 시작했다.

1099년

예루살렘 공방전은 십자군이 도시를 장악하고 그곳에 살던 유대교인과 이슬람교인 대부분을 학살하면서 **끝을 맺었다.** 십자군은 바위의 돔을 기독교 교회로 바꾸었다.

몽골 제국

몽골족은 중앙아시아 스텝 지역의 부족으로 카자흐스탄에서 기원했으리라 추정해요. 원래 유목민이었던 몽골족은 말을 타고 생활했으며 혹독한 기후와 생활 환경에 익숙했어요. 이는 중국부터 유럽에 이르기까지 영토를 정복하러 떠났을 때 큰 이점이 되었죠. 결국 13세기에 몽골족은 당시 세계 최대 제국을 건설했어요.

칭기즈 칸의 탄생

테무친(1167년경~1227년)은 가혹한 어린 시절을 보내고 케레이트족의 군 지휘관이 되었어요. 1206년 부족장 회의에서 '세계의 왕'이라는 의미의 **칭기즈 칸**으로 인정받을 때까지 그는 다른 부족을 회유하거나 정복했어요. 특히 모든 부족의 군사력을 합쳐서 강력한 기병대를 꾸렸죠. 몽골족은 이전까지 기록을 남기지 않았는데, 칭기즈 칸이 위구르 문자를 도입하여 고유의 몽골 문자를 만들었어요. 그런 다음에는 제국 건설을 시작했죠. 그의 아들이자 계승자였던 오고타이는 동쪽으로 몽골 제국의 확장을 이어 갔고 1231년에 한국의 고려를 정복했어요.

잔악무도한 칭기즈 칸

1218년부터 칭기즈 칸은 서쪽으로도 군대를 보냈어요. 처음에 그의 군대는 페르시아를 휩쓸었고 그다음에는 아프가니스탄 북부(1221년)를, 그러고 나서는 카스피해 근처의 러시아(1223년)까지 진격했어요.
1227년에 병으로 세상을 뜰 무렵, 칭기즈 칸은 정복지의 무슬림에게 **'저주받은 자'**라고 알려졌어요. 그의 군대는 잔인하고 무자비했거든요. 가는 곳마다 도시를 파괴하고 주민을 학살했으며 건물을 불태우고 농업에 필요한 관개 시설을 완전히 망가뜨렸어요. 이들의 잔인함은 유명했기에 어떤 도시들은 겁내면서 싸워 보지도 않고 항복했어요.

막강한 제국

칭기즈 칸은 네 아들이 그를 이어서 통치하기를 바랐으나, 첫아들은 그보다 먼저 세상을 떠났어요. 남은 세 아들 중에 **오고타이**가 대칸, 즉 최고 지도자가 되었어요. 오고타이는 계속해서 제국을 확장하면서 이미 점령한 영토를 강화하는 데도 힘썼어요. 그는 세금 제도를 정비하고 지역 관리자를 임명했으며 카라코람 지역을 수도로 삼았어요. 동쪽으로는 중국의 진나라를 정복하고 고려를 반복해서 기습했죠. 서쪽에서는 동유럽까지 진출해서 1240년 우크라이나의 키이우, 1941년에는 폴란드의 크라쿠프, 헝가리의 부다와 페스트를 약탈했어요. 하지만 오고타이가 세상을 뜨면서 진격을 멈췄답니다.

몽골족은 어릴 때부터 활쏘기 등을 연마해 전투 능력이 뛰어났다.

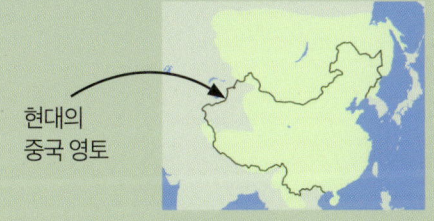

현대의 중국 영토

원나라가 지배했던 지역

또 다른 위대한 칸

칭기즈 칸의 손자 **쿠빌라이**는 몽골 제국이 계속 확장하던 1260년에 정권을 잡았어요. 원칙적으로 제국은 네 개로 쪼개져 있었고, 그중 큰 부분을 쿠빌라이가 맡았죠. 하지만 그의 목표는 더 컸어요. 쿠빌라이는 중국을 공격했는데, 포위 작전으로 도시를 하나씩 손에 넣었고 1276년에는 수도까지 함락했어요. 송나라가 멸망하면서 쿠빌라이는 중국 황제가 되었고 점령 왕조인 **원나라**가 들어섰어요. 하지만 일본만은 예외였어요. 1274년과 1281년 몽골이 공격했는데, 일본의 저항과 무시무시한 태풍이 몽골의 선박을 부수면서 정복하지 못했지요. 베트남, 자바, 버마 공격은 부분적으로 성공했답니다.

제국의 멸망

몽골 제국의 4개 지역은 천천히 무너졌어요. 동유럽과 러시아에서는 **킵차크한국**(원래 몽골 제국의 북서쪽)이 1502년까지 명맥을 이으며 가장 오래 남았지만, 내부 갈등과 국경 분쟁이 칸의 모든 영토를 서서히 파괴했어요. 중국에서는 내전, 기근, 반란, 경제 문제 때문에 원나라가 멸망했고, 결국 1368년에 통일 왕조 **명나라**가 시작되었답니다.

몽골 제국의 영향력

1100년~1299년

십자군 원정이 이어지며 격동을 거듭할 때, 동양에서는 13세기 세계를 뒤엎을 만한 파괴적인 유혈 사태가 벌어지고 있었어요. 칭기즈 칸과 그의 손자 쿠빌라이의 지휘에 따라 몽골군이 아시아와 동유럽을 휩쓸었죠. 그들의 앞길을 막는 것은 아무것도 없었답니다.

1189년~1192년

예루살렘 재탈환이 목표였던 **제3차 십자군 원정**이 실패로 끝났다. 십자군은 1191년에 이스라엘의 도시 아크레를 함락했다.

1202년~1204년

십자군이 콘스탄티노플을 파괴하고 약탈하면서 **제4차 십자군 원정**이 막을 내렸다. 십자군은 보물과 예술품을 베네치아 공화국으로 옮겼으며, 시민들을 학살하고, 비잔틴 제국을 격파했다.

약 1122년~1150년

크메르 제국의 황제 수르야바르만 2세가 캄보디아 **앙코르 와트**에 힌두교의 신 비슈누에게 바치는 사원 단지를 지었다. 앙코르 와트는 세계 최대 규모의 종교 사원으로 손꼽힌다.

1206년

테무친이 몽골족을 통합하고 '세계의 왕'을 의미하는 **칭기즈 칸**이라는 칭호를 차지했다. 그는 인정사정없이 수백만 명을 학살하며 광대한 제국을 차지하고자 계속 나아갔다.

1100년

1187년

이집트와 시리아의 술탄(이슬람교국의 군주)이었던 **살라딘**이 십자군에게서 예루살렘을 탈환했다.

1192년

미나모토노 요리토모가 경쟁 관계에 있던 타이라 가문을 물리치고 처음으로 **막부**(쇼군에 의한 통치)를 세워 일본을 지배했다. 일본에서는 쇼군이 모든 군사력을 장악했으며 1868년까지 군대를 통제하면서 막강한 권력을 누렸다. 이들은 유럽 봉건제와 유사한 체제를 운영했다.

미나모토노 요리토모(1147~1199)

• 일본 봉건제의 사무라이 •

사무라이는 10세기 일본에서 권력을 잡은 무사 계급으로, 원래는 영주들이 자기 영토에서 멀리 떨어진 황실에서 지내는 동안 토지를 지키기 위해 개별적으로 모집한 군대에 속해 있었다. 가마쿠라 막부(1192년~1333년) 시대부터 사무라이는 쇼군이 지휘하는 군사 통치 체계의 일부가 되었다. 사무라이는 어려서부터 말을 타면서 검과 활을 사용해 싸울 수 있도록 훈련된 뛰어난 군인이었다.

1215년

영국의 존왕이 귀족 계급의 강요로 국왕의 권력을 제한하는 **마그나 카르타**에 서명했다. 이는 왕이 법과 관습을 따라야 함을 의미했다. 왕은 협의 없이 새로운 세금을 걷을 수 없었으며, 범죄 혐의로 고소된 모든 자유민은 공정한 재판을 받을 권리가 있었다.

마그나 카르타에 서명하는 존왕

1257년

인도네시아 **사말라스 화산**이 분화하면서 전 세계에 화산 겨울과 기근이 나타났다. 이 분화는 '소빙하기(▶77쪽)'의 원인으로도 추정된다.

1258년

몽골군이 **바그다드를 약탈하고** 주민 20만 명을 학살했다.

1279년

몽골이 중국 전역을 장악하고 **원나라**를 세웠다. 새로운 수도는 칸발리크(현재의 베이징)이다.

1299년

1227년

바투 칸이 러시아 및 중앙아시아 대부분과 동유럽까지 뻗은 광대한 **몽골 제국**인 '황금 군단'을 건국했다.

1240년

말린케족의 순디아타 케이타가 서아프리카에 **말리 제국**을 세웠다. 장애를 가지고 태어난 그는 유년기에는 다리 보조기를 착용했고 혼자 걷기 위해 노력했다. 순디아타는 다른 족장들과 함께 멸망하던 가나 왕국과의 전쟁에 나섰고 1240년에 가나의 수도를 함락했으며, 제국을 세우고 영토를 확장해 갔다.

1250년~1650년

이스터섬 사람들이 모아이라고 알려진 **거대한 석상**을 세웠다. 석상은 바다를 등지고 땅을 바라보고 서 있다. 어떻게 왜 만들어졌는지 알려지지 않았다.

1250년~1300년

폴리네시아를 항해하던 이들이 **뉴질랜드**에 도착했다.

1274년, 1281년

몽골의 쿠빌라이가 일본을 침략하려고 함대를 보냈으나, 태풍에 의해 두 번이나 실패한다. 이를 일본에서는 신이 도운 바람이라 하여 **가미카제**(신성한 바람)라고 부른다. 역사상 가장 큰 피해를 본 상륙 시도로 남아 있다.

태풍이 몽골 침략군의 함대를 완전히 부숴 버렸다.

1300년~1399년

14세기에 커다란 위기가 찾아왔어요. 유럽의 중세 온난기가 끝나면서 기후가 선선해지고 농작물이 잘 자라지 않아 14세기 전반 극심한 기근이 덮쳤어요. 상황은 점점 더 나빠졌는데, 14세기 중반은 흑사병이 유럽 전역과 아시아를 뒤흔들어 죽음의 공포로 몰아넣었답니다.

1315년~1317년

1315년 폭우와 이에 따른 흉년으로 **대기근**이 들면서 유럽 전역에서 수백만 명이 사망했다. 인구의 4분의 1을 잃은 곳도 있었다.

14세기

13세기 말에 처음 개발된 **해안선 지도**가 14세기에 인기를 누렸다. 최초의 정확한 지도로서 바다에서 항해할 때 사용했다.

해안선 지도는 해안선 외의 육지를 자세히 그리지 않았다.

1325년

아스테카 문명이 **테노치티틀란**(현재의 멕시코시티)이라는 도시를 세웠다. 전성기에 테노치티틀란은 20만 명이 거주하는 중앙아메리카 최대 도시였다.

1300년

· 말리 제국 ·

말리 제국은 부와 관대함으로 유명한 만사 무사 1세(1312년~1337년)가 다스리는 동안 번영을 누렸다. 통북투는 거대한 무역 중심지가 되었으며, 아프리카 지도자 및 상인들이 아랍계 무슬림을 만나는 곳으로 이슬람교가 확산하는 데 중요한 역할을 했다. 무사 1세는 서아프리카에서 넓은 지역을 차지하면서 제국의 영토를 두 배로 넓혔다. 당시 말리 제국보다 큰 나라는 몽골 제국뿐이었다. 무사 1세가 메카로 가는 도중에 카이로에 들렀을 때 그의 씀씀이가 너무 커서 인플레이션(화폐 가치가 떨어지고 물가가 지속적으로 오르는 현상)이 발생하고 금값이 폭락했다고 전해질 정도다. 무사 1세는 역사상 가장 부유한 사람으로 꼽힌다.

1345년~1347년

몽골이 카파(현재 우크라이나 페오도시야)의 항구를 포위한다. 그 뒤 1346년에 몽골군 사이에서 전염병이 발생했고, 이들의 시체를 성벽 내부로 던져서 넘겼다. 그 바람에 카파 시민들도 감염되었는데, 이는 오늘날 **세균전**의 원조이다.

전염병으로 죽은 병사를 투석기로 던지는 장면

• 아스테카 문명 •

멕시코의 아스테카 제국은 에스파냐가 침략한 1521년까지 이어졌다. 계단식 피라미드 같은 건축과 예술로 유명한 아스테카는 중앙아메리카 전역의 무역을 장악하고 1,100만 명을 통치한 성공적인 제국이었다. 아스테카 언어로 쓴 '코덱스'가 남아 있고, 에스파냐도 아스테카 문명을 기록한 덕분에 우리는 아메리카 대륙에서 초기에 번성했던 다른 문명보다 아스테카를 더 자세히 알고 있다.

1370년

투르크-몽골계 통치자였던 티무르가 몽골 제국을 되살리기 위해 **티무르 제국**을 세웠다. 우즈베키스탄 사마르칸트에 수도를 둔 티무르 제국은 중앙아시아 서쪽까지 확장했으나, 1405년에 티무르가 세상을 뜨면서 분열되었다.

1392년

이성계가 고려를 무너뜨리고 **조선**을 건국했다. 오늘날 한국의 예의범절, 언어, 행정, 종교적 가르침, 관습은 대부분 조선 시대에 형성되었다.

약 1346년~1352년

흑사병이 아시아와 유럽 전역에 퍼져 인구의 거의 절반이 사망했다.

1377년

금속활자 인쇄본 가운데 현존하는 가장 오래된 책《직지심체요절》이 한국에서 만들어졌다. 최윤의와 그의 동료들이 유럽보다 150년도 더 전에 금속활자를 발명한 것이다. 하지만 인류 문화사에 미치는 영향력은 적었다. 알파벳보다 글자가 많아서 인쇄가 어렵고 비용이 많이 들기 때문이다.

1399년

1368년

몽골의 원나라가 무너지고 중국에서 **명나라**가 시작됐다. 인재 양성에 힘썼고 상공업이 번성했으며 문화와 예술이 발달했다.

우리가 잘 알고 있는 벽돌형 만리장성은 명나라 때 지어졌다.

1397년

쇼군 요시미쓰가 일본 교토에 **금각사**(킨카쿠지)를 지었다. 원래는 은퇴 후에 지낼 거처였으나 훗날 선불교의 사찰이 되었다.

흑사병

14세기 중반에 '흑사병'이라고 하는 선페스트와 변이종들이 아시아, 북아프리카, 유럽을 할퀴었어요. 지역에 따라서는 인구의 절반 가량 흑사병으로 사망하기도 했답니다. 의학이 발달한 오늘날과 달리 백신이나 적절한 치료법이 없어 막대한 인명 피해를 냈지요. 흑사병이 개인과 사회에 미친 영향은 치명적이었고, 특히 유럽 인구가 흑사병 이전으로 회복하는 데에 무려 200년이나 걸렸답니다.

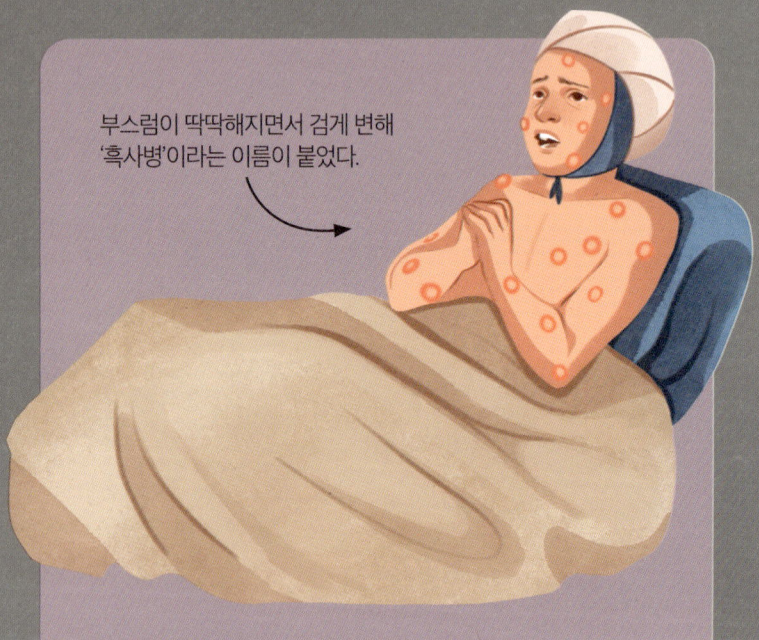

부스럼이 딱딱해지면서 검게 변해 '흑사병'이라는 이름이 붙었다.

쥐와 벼룩

흑사병은 **박테리아**(세균)가 일으키는 질병으로, 쥐와 같은 설치류에 사는 벼룩이 옮기는 경우가 많았어요. 페스트 박테리아를 가진 벼룩이 누군가를 물면, 그 사람은 페스트에 걸릴 수 있죠. 페스트는 사람 사이에 직접 전염되기도 하고 약간 다른 질병으로 바뀌기도 해요. 흑사병 감염자는 고열과 관절통에 시달리다가 발진이 나타났고, 그다음에는 부스럼이 돋았어요. 부스럼은 환자들을 엄청난 고통으로 몰아넣었답니다.

무서운 전염병

흑사병은 중앙아시아, 몽골, 중국, 인도에서 시작해서 몽골 전사 및 상인들에 의해 동서로 전파되었다고 추정해요. 흑사병은 1347년에 지중해 항구와 크림반도를 통해 **유럽**에 들어왔어요. 그 후 5년 동안 서쪽과 북쪽으로 빠르게 퍼졌어요. 흑사병의 영향은 일정하지 않았는데, 영향을 거의 받지 않은 지역도 있었지만 **초토화**된 곳도 있었답니다.

- 1347년
- 1348년
- 1349년
- 1350년
- 1351년
- 감염되지 않은 지역

1346년에 동쪽에서 처음 발병해 퍼져 나간 흑사병은 유럽 대부분을 장악했다.

춤추는 죽음을 표현한 '죽음의 무도'는 당시 예술의 주제로 사용되었다.

무시무시한 미스터리

14세기 사람들은 박테리아를 몰랐고 **질병이 어떻게 퍼지는지 이해하지 못했어요.** 많은 이가 '나쁜 공기' 때문에 질병이 퍼진다며 두려움에 떨었고, 신이 내리는 형벌이라고 믿는 사람도 있었어요. 기도를 통해 위안을 구하면서 교회를 짓겠다고 약속하고, 과거에 지은 죄를 속죄하려고 스스로 채찍질하며 벌을 내리는 사람들도 있었어요. 당시 예술과 문학도 영향을 받아 삶과 죽음을 탐구했어요. 흑사병의 공포에 시달린 사람들은 마을을 버리고 떠나기도 했지만, 도망간 곳에 흑사병을 퍼뜨리면서 **흑사병은 더 멀리, 더 빠르게 퍼졌죠.** 지금은 항생제로 치료할 수 있지만, 그때는 효과적인 치료법이 없었어요.

사회적 혼란

흑사병으로 온 사회가 황폐해졌어요. 너무 많은 사람이 죽어서 무덤을 팔 **인력이 충분치 않았기 때문에** 시체를 큰 구덩이에 쌓았어요. 농사를 지을 사람도 별로 남지 않아서 아예 파종하지 못하거나 있는 작물도 썩어 버렸어요. 가축도 죽거나 떠돌아다녔죠. 흑사병이 끝나고 살아남은 일꾼들은 전보다 많은 임금과 조건을 요구할 수 있었어요. 이에 따라 농노에 의존하던 봉건제는 많은 지역에서 붕괴했어요. 영주를 바꿔 가며 이동하는 소작농이 영주에 매여 있던 농노를 대신했죠. 최악의 전염병이 끝난 후에도 몇십 년 동안 폭동, 식량난, 시민의 불안은 계속됐답니다.

예법에 따라 관에 매장되기도 했지만, 많은 이가 집단 묘지에 쌓였다.

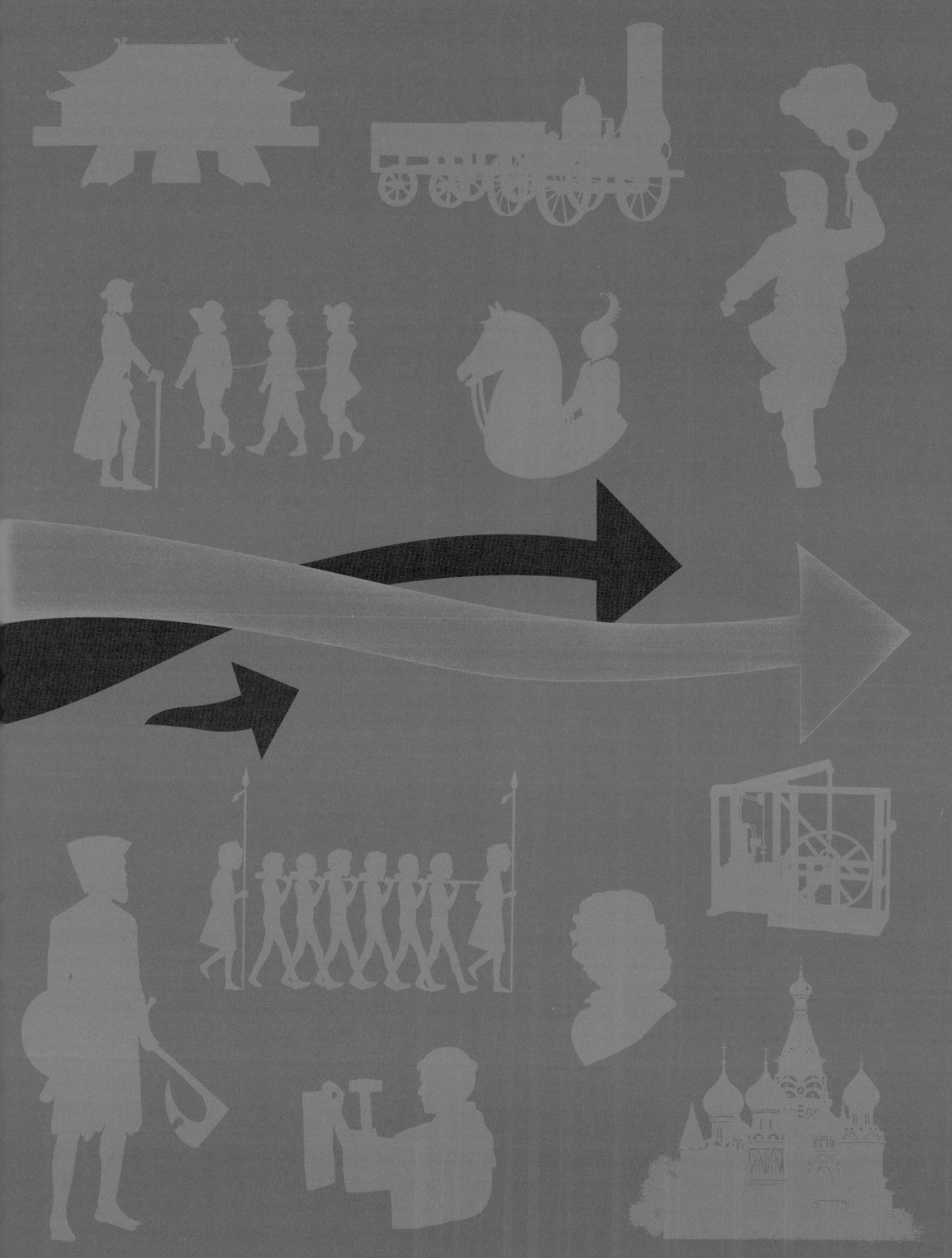

chapter 4

연결된 세상

15세기 중반 '발견의 시대'가 시작되었어요. 유럽 모험가들은 바다를 건너며 미지의 땅을 찾아냈어요. 유럽과 아시아 사이에서 육로를 이용한 무역은 어려웠으므로 선원들은 인도와 중국을 비롯하여 그 너머까지 가는 항로를 찾으러 나섰어요. 그러면서 아메리카 대륙을 알아냈고, 훗날의 탐험가들은 우연히 오스트레일리아를 발견하기도 했죠.

유럽인은 새로 찾은 땅에 이미 살던 사람의 권리는 인정하지 않았어요. 식민지로 쓸 만한 새로운 장소 정도로 여겼을 뿐이었죠. 땅을 빼앗고 주민을 학살하고 노예로 삼았으며, 문명을 약탈하고 파괴했어요. 동시에 '구세계'였던 유럽, 아프리카, 아시아와 '신세계'였던 남북 아메리카 대륙 및 카리브해의 섬 사이에 동식물과 질병까지 옮겼지요. 특히 침략자가 옮긴 낯선 질병에는 인플루엔자, 홍역, 천연두가 있었는데 면역력과 저항력이 없던 원주민 수백만의 목숨을 앗아갔답니다.

1400년~1484년

유럽, 아시아, 남아메리카에서 여러 제국들이 흥망성쇠를 겪었어요. 한편 대형 선박을 개발하면서 대양을 횡단하거나 일주할 수 있게 되었는데, 덕분에 무역과 탐험을 위한 항로가 많이 생겼답니다.

1405년~1433년

중국 탐험가이자 제독이었던 **정화**가 무역로를 개척하고자 중국에서 시작하여 인도와 중동을 거쳐 동아프리카까지 항해했다. 당시 명나라는 고립주의를 채택하여 외부 세계와의 교류를 거부했지만, 정화는 중국에 알려지지 않았던 지식, 이념, 사치품을 가지고 돌아왔다.

• 명나라의 고립주의 •

명나라는 외부 세계와의 교류를 단절했기 때문에 몇몇 사람들은 정화의 항해나 그의 여행을 언급하는 것조차 반대했다. 15세기가 끝날 때까지 명나라는 바다를 항해할 수 있는 배를 만들거나 나라 밖으로 나가는 것을 금지했다. 이렇게 중국 문명은 번영하는 대신 정체되기 시작했다.

정화의 첫 번째 항해에는 배 317척과 군사 28,000명이 동원되었다.

1400년

1404년

군사령관 **티무르**가 중국을 제외한 몽골 제국의 모든 영토를 성공적으로 되찾았다. 티무르는 1405년에 중국을 침공하러 가는 도중 병으로 세상을 떴다.

1407년~1420년

황제 영락제가 **베이징**에 자금성을 지었다. 중국은 1421년에 수도를 난징에서 베이징으로 옮겼다.

1424년~1444년

그린란드의 바이킹이 떠나거나 사망하면서 **자취를 감췄다**. 소빙하기의 차가운 기후 때문에 농사가 어려웠을 것이다.

프랑스의 수호성인으로 추앙받는 잔 다르크

1428년

프랑스의 선지자이자 전사였던 **잔 다르크**가 신의 목소리라고 생각한 계시를 듣고, **백 년 전쟁**에서 영국에 맞서 프랑스 군대를 이끌었다. 하지만 1431년, 19세의 나이에 이단으로 몰려 화형에 처해졌다.

자금성의 심장, 태화전

1427년
포르투갈의 항해사 디오구 데 실베스가 대서양의 무인도였던 **아조레스 제도**에 처음 발을 디뎠다. 아조레스 제도는 아프리카와 아메리카 대륙을 오가는 배가 물자를 보급받기에 좋은 위치에 있었다.

1428년
세 도시 테노치티틀란, 텍스코코, 틀라코판이 삼각 동맹을 맺으면서 **아스테카 제국**이 멕시코에서 영역을 넓혔다.

약 1440년~1450년
독일의 **인쇄기** 발명이 유럽 문화를 영구히 바꿨다. 인쇄기 덕분에 정보가 빠르고 폭넓게 퍼졌으며, 많은 사람이 읽는 법을 배웠다.

1453년
오스만 제국의 술탄 메흐메트 2세가 대포를 사용해서 콘스탄티노플을 공격했다. 주민들은 학살되거나 노예로 잡혀갔으며, 아야 소피아 성당은 즉시 모스크로 개조되었다. 콘스탄티노플 함락은 **동로마 제국의 멸망**과 고대 세계와 유럽 사이의 마지막 연결 고리가 끊어졌음을 알렸다.

1484년

1453년
오스만 제국은 유럽과 동방 사이의 육로를 막아 무역을 방해했다. 그 결과 인도와 중국으로 통하는 항로가 개척되며 **발견의 시대**가 막을 올렸다.

1482년
가나에 있던 포르투갈 상인들이 최초의 교역소인 **엘미나성**을 지었다. 이는 훗날 노예 무역의 핵심 거점이 되어 1814년까지 사용되었다.

잉카 제국의 수도 쿠스코는 재규어를 닮았다.

1438년~1532년
페루의 **잉카 제국**이 빠르게 팽창한다. 전성기의 잉카는 900만~1,400만에 달했으며, 당시 남아메리카뿐 아니라 전 세계에서 가장 큰 제국이었다.

1485년~1599년

중세 시대가 끝나면서 전 세계적으로 교류가 더 활발해졌어요. 유럽인들은 항해의 목표를 '발견'에서 확장을 위한 '원정'으로 바꾸었어요. 그 결과 탐험가들이 우연히 찾은 땅에 이미 살고 있던 주민들은 침략자들로 인해 고통을 겪었답니다. 아메리카 대륙 사람들이 유럽 정복자들의 첫 희생양이 되었어요.

• **콜럼버스의 교환** •

'콩키스타도르'라고도 했던 에스파냐 침략자들은 주민을 학살하고 도시와 문명을 파괴하면서 중앙아메리카, 남아메리카, 카리브해를 약탈했다. 아메리카 대륙과 유럽 사이에서 동식물을 옮기며 생태 환경도 바꿔 놓았는데, 이를 '콜럼버스의 교환'이라고 한다. 유럽에는 커피, 초콜릿, 감자, 토마토, 담배 같은 식물이 전해졌고 아메리카 대륙에는 밀, 올리브, 포도, 말, 소, 돼지, 닭이 들어왔다.

1492년

뉘른베르크의 마르틴 베하임이 현존하는 **가장 오래된 지구본을** 만들었다. 이 지구본에는 당시 유럽에 알려지지 않았던 아메리카, 오스트레일리아, 남극 대륙이 없다.

베하임의 지구본에는 아프리카와 아시아만 있다.

1485년

1492년

에스파냐의 기독교인들이 남부의 그라나다를 탈환하면서 **레콩키스타**가 마무리된다.

1492년

크리스토퍼 콜럼버스가 신대륙(신세계)에 도착한다. 아메리카 대륙의 존재를 몰랐던 그는 아프리카를 돌아 아시아로 가기 위해 에스파냐에서 서쪽으로 출발했다. 그가 이끈 배 세 척은 카리브해에 도착, 에스파뇰라섬(현재의 아이티)에 정착민들을 남긴다.

1493년

신세계에서 **인플루엔자**가 처음 발생했고, 1507년에는 **천연두**가 창궐한다. 1650년까지 원주민의 90%가 유럽에서 들어온 질병으로 사망했다.

1494년

에스파냐와 포르투갈이 **토르데시야스 조약**에 따라 세계의 많은 부분을 나눠 가졌다. 구대륙의 끝이라 여겨지던 카보베르데와 신대륙의 시작이라 여겨지던 에스파뇰라섬 사이에 남북 방향 선 기준으로 서쪽의 미개척지는 에스파냐에, 동쪽의 미개척지는 포르투갈에 돌아가게 되었다.

1497년
바스쿠 다가마가 동방과의 무역을 위해 포르투갈에서 출발해 인도로 향하는 항로를 찾아 나섰다. 그는 아프리카 해안선을 빙 돌아서 1498년에 인도의 캘리컷(현재의 코지코드)에 도착했다.

1502년
신세계 발견으로 노예 무역이 시작됐다. **최초로 노예가 된 아프리카 사람들**이 에스파냐를 거쳐 신세계에 도착했다. 그 후 노예는 아프리카에서 직접 배편으로 카리브해에 있는 대농장과 광산으로 보내졌다.

1526년
우즈베키스탄의 바부르가 이란 사파비 왕조와 오스만 제국의 도움을 받아 북인도를 점령하고 **무굴 제국**을 세웠다.

1543년
니콜라우스 코페르니쿠스가 지동설(행성들이 태양 주위를 공전한다는 이론)을 담은 책을 출간했다.

1519년
포르투갈 탐험가 **페르디난드 마젤란**이 에스파냐 국왕의 후원을 받아 세계 일주에 도전했으나 도중에 사망했다. 배 5척과 선원 270명 중 배 1척과 선원 22명만 돌아왔다.

바스쿠 다가마의 항해 경로

1599년

마르틴 루터는 가톨릭 교회의 부패를 지적하는 반박문을 써 비텐베르크 교회의 문에 붙였다.

1517년
독일의 수도사 **마르틴 루터**가 가톨릭 교회의 문제점, 특히 면죄부 판매를 비판했다. 이것이 **종교 개혁**의 시발점이 되어 교회는 가톨릭과 개신교로 갈라졌고 수 세기 동안 유럽을 뒤흔든 격렬한 싸움의 발단이 되었다.

1519년
콩키스타도르 **에르난 코르테스**가 멕시코 아스테카 제국 정복에 나섰다. 1521년 테노치티틀란을 점령하고 새로운 에스파냐의 첫 총독이 되었다.

이반 4세는 모스크바에 성 바실리 대성당을 지었는데, 각각의 탑은 전투에서 거둔 승리를 나타낸다.

1547년
이반 4세(이반 바실리예비치)가 초대 **차르**(제정 러시아 황제)로 등극했다. 말년의 그는 폭군으로 그려진다.

1575년
포르투갈이 **아프리카** 앙골라에 처음으로 **유럽 식민지**를 건설한다.

닫힌 세계

유럽이 세계 곳곳을 탐험하고 정복하는 동안 동아시아는 폐쇄와 고립을 택하고 바깥세상과 교역을 단절했어요. 한국, 중국, 일본은 몇백 년 동안 국경을 닫고 완전히 고립되거나 외국 문물을 아주 제한적으로 받아들이는 정도에 그쳤답니다.

해적이 나타났다!

13세기부터 한국과 일본은 일본 전역에 근거지를 둔 **왜구 해적**의 습격 때문에 공포에 떨었어요. 이들은 한국, 중국, 일본에 이르기까지 바닷가 마을을 공격했어요. 배 400척에 3,000명에 이르는 해적이 재산을 빼앗고 사람들을 납치해서 노예로 팔아넘겼어요. 특히 힘들게 농사를 지어 놓아도 추수 때만 되면 모조리 빼앗아 가 더욱 고통스럽게 했죠. 사람들은 비옥한 토지를 포기하고 멀리 내륙으로 이동할 수밖에 없었어요.

쇄국 정책

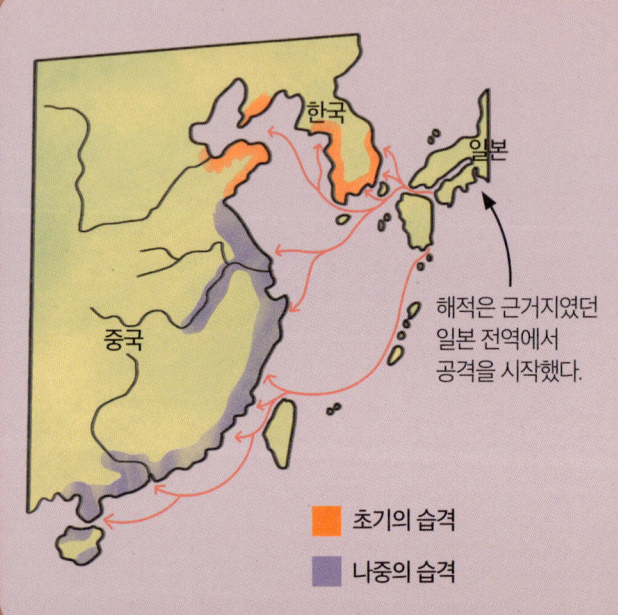

해적은 근거지였던 일본 전역에서 공격을 시작했다.

■ 초기의 습격
■ 나중의 습격

해적선을 막기 위해 해안을 요새화해도 소용없자, 중국은 1371년에 **해상 무역을 금지**하고 1384년부터 선박과 조선소를 파괴했어요. 남아 있는 배는 모두 해적선으로 간주되어 공격당할 위험에 놓였죠. 그렇지만 실제 상인들은 매우 절박했기 때문에 해적질은 오히려 늘어났어요. 중국의 해적 피해는 1567년에 무역 금지령이 시작된 후에만 잠시 줄었을 뿐이에요. 1600년대에도 비슷한 금지령을 다시 도입하면서 좀 더 엄격하게 시행했어요. 한국과 일본은 각기 다른 시기에 외부와의 무역을 중단하거나 제한하는 조치를 취했어요. 1633년부터 1853년까지 일본의 쇄국(사코쿠) 정책은 주로 한국, 중국과만 교역하는 것이었답니다.

동방으로 진출한 포르투갈

포르투갈인은 바다를 통해 중국에 들어간 최초의 유럽인으로서 1517년에 광저우에 도착했어요. 포르투갈은 마카오에 교역소를 설치해도 된다는 허가를 받았고, 1557년부터 1999년까지 마카오는 포르투갈 영토가 되었죠. 중국이 무역에 문을 닫은 시기에 마카오는 일본과의 교역을 허락한 유일한 항구였어요. 이로써 포르투갈은 인도, 인도네시아, 중국과 일본 사이의 교역을 독점했어요.

1543년에 항로를 이탈한 배에 타고 있던 포르투갈 상인 세 명이 일본에 처음 도착했고, 그 후 더 많은 유럽인이 뒤따라 왔어요. 포르투갈인들은 일본에 장총을 소개했으며, 예수회(가톨릭 사제단) 신부들은 1549년부터 일부 일본인을 기독교로 개종시켰어요. 포르투갈 상인과 신부들은 정착해서 무역해도 된다는 일본의 허가를 받았죠. 하지만 1633년에 쇄국 정책이 시작되면서 외국과의 모든 무역은 나가사키에 만든 인공섬 **데지마**에서만 가능해졌어요. 외국 상인은 아무도 일본 본토에 들어갈 수 없었고, 기독교도 금지되었어요. 1639년 포르투갈인들이 데지마에서 쫓겨나면서 1854년까지는 네덜란드 상인만 데지마에 머물 수 있었답니다.

데지마는 길이가 180m에 불과하다.

마테오 리치 (1552~1610)

과학과 종교

중국어를 처음 배웠다고 알려진 서양인은 이탈리아 예수회 신부 **마테오 리치**예요. 그는 유럽인을 위해 처음으로 중국어 사전을 집필했으며, 베이징의 자금성에 들어간 최초의 서양인이기도 해요. 리치는 중국 고전을 라틴어로 번역해서 유럽과 중국이 학술적으로 교류할 수 있도록 했어요. 또 다른 예수회 신부들과 함께 중국에 기독교와 서양 과학을 소개했죠. 서양의 천문학과 중국의 천문학은 조금 달랐는데, 서양이 정확한 달력을 제작하는 등 과학적으로 접근한 반면, 중국은 하늘과 땅에서 벌어지는 일 사이의 연결 고리를 찾으려 했답니다.

1600년~1699년

17세기는 유럽 제국의 성장기였어요. 에스파냐는 여전히 남아메리카를 지배했고, 영국은 인도 대부분을 손에 넣었지요. 더 많은 영국인과 네덜란드인이 북아메리카에 정착했으며, 유럽인이 오스트레일리아를 발견했답니다.

1600년

영국 엘리자베스 1세는 **동인도 회사**(EIC)가 동양과 무역할 수 있도록 왕실 공식 문서를 발급해 준다. 동인도 회사는 교역에 성공하고 이익을 내기 위해 전쟁을 일으키는 것을 허락받았으며, 결국 자체적으로 군대도 갖췄다. 동인도 회사는 무려 3세기 동안 인도를 약탈했다.

1620년

영국 청교도 102명으로 이루어진 **필그림 파더스**가 영국 플리머스에서 메이플라워호를 타고 미국으로 향한다. 이들은 자신들이 생각하는 기독교에 바탕을 둔 '새로운 영국'을 건설하려 했다. 이들의 종교, 관습, 법은 현대 미국의 근간을 이룬다.

메이플라워호를 타고 미국으로 가는 필그림 파더스

1600년

1601년~1603년

러시아에서 기근으로 인구의 3분의 1에 해당하는 약 2백만 명이 사망했다. 1600년 페루에서는 화산이 분화하면서 전 세계적으로 추운 날씨와 흉년이 이어졌다.

1613년

미하일 로마노프가 러시아 차르로 즉위하면서, 1598년에 표도르 1세의 사망으로 시작된 '동란 시대'가 막을 내린다. 로마노프 가문은 1917년까지 러시아를 다스렸다.

1606년

네덜란드 탐험가 **빌럼 얀스존**이 유럽인 최초로 **오스트레일리아**에 도착했다.

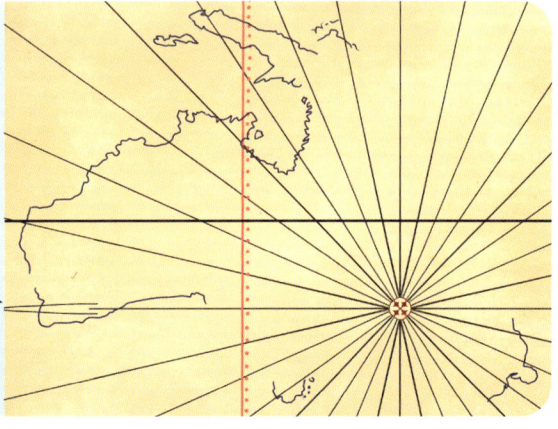

얀스존이 그린 오스트레일리아 서해안 지도

1631년

무굴 제국의 샤자한 황제가 인도 아그라에 황후 뭄타즈 마할의 묘소와 기념비로서 **타지마할**을 짓기 시작했다.

1641년
매사추세츠주가 **노예제**를 합법화했고, 미국의 다른 주들도 곧 이를 따랐다.

1642년~1651년
올리버 크롬웰이 이끌며 '라운드헤즈(머리를 짧게 깎은 데서 나온 말)'라고 칭했던 개신교 의회파와 국왕 찰스 1세에게 충성하던 가톨릭 왕당파가 맞붙은 **잉글랜드 내전**이 벌어졌다. 왕과 의회 사이에서 권력의 균형을 잡기 위한 투쟁이었다. 승리를 거둔 의회파는 찰스 1세를 처형하고 크롬웰이 지배하는 공화국을 선포했다. 크롬웰은 1658년에 사망했으며, 찰스 2세가 1660년에 왕실을 부활시켰으나 의회와 권력을 나누어야 했다.

1645년~1715년
1300년~1850년의 소빙하기는 **태양의 불규칙 활동기**로, 태양 활동이 크게 떨어져 추운 기간이었다. 겨울이 몹시 매서워서 평소 얼지 않는 강에서도 얼음 축제가 열렸다.

1661년~1683년
중국에서 **천계령**(해안 봉쇄령)이 내려져 사람들은 강제로 내륙으로 이동해야 했다. 이는 타이완에 근거지를 두고 해안 지역의 지원을 받았던 청나라 반대 운동을 무력화하려는 정책이었다. 해안에 너무 가까이 접근하면 사형이 내려졌으며, 가까이 오는 선박은 깨부쉈다. 모든 무역은 마카오를 통해야 했고, 홍콩은 사람이 살지 않는 황폐한 땅이 되었다.

런던 템스강은 두껍게 얼어서, 사람과 말이 올라설 수 있었고 오두막도 지었으며 불도 피울 수 있었다.

1699년

1644년
만주족이 베이징을 점령하면서 명나라가 멸망한다. 마지막 제국인 **청나라**가 개국했는데, 모든 남자는 만주족의 머리 모양인 **변발**을 해야 했다.

머리 앞부분은 삭발하고 뒷머리는 길게 땋아서 늘어뜨리는 형태

표트르 대제는 '차르'라는 호칭 대신 '황제'라는 칭호를 사용했다.

1687년
아이작 뉴턴이 **중력** 이론을 책으로 출간했다. 책에서 뉴턴은 행성이 어떻게 태양 주변의 궤도에 머무는지, 어떻게 사물이 중력의 영향을 받아 서로 끌어당기는지 설명했다.

1682년
표트르 1세(표트르 대제)가 러시아의 황제가 되었다. 그는 러시아를 떠나 변장한 모습으로 2년 동안 유럽을 여행한 최초의 차르였다. 표트르 1세는 돌아오자마자 유럽과 같은 모습으로 러시아를 개혁했으며 수도를 **상트페테르부르크**로 옮겼다.

사람을 사고파는 노예제

사람들은 수천 년 동안 다른 사람을 노예로 부렸어요. 수메르, 그리스, 고대 중국을 비롯하여 많은 초기 문명에서 집안일이나 건축물을 짓고 농작물을 기르는 일은 모두 노예들의 몫이었어요. 노예는 종종 가혹한 환경을 견뎌야 했는데 특히 18세기와 19세기에 심했답니다.

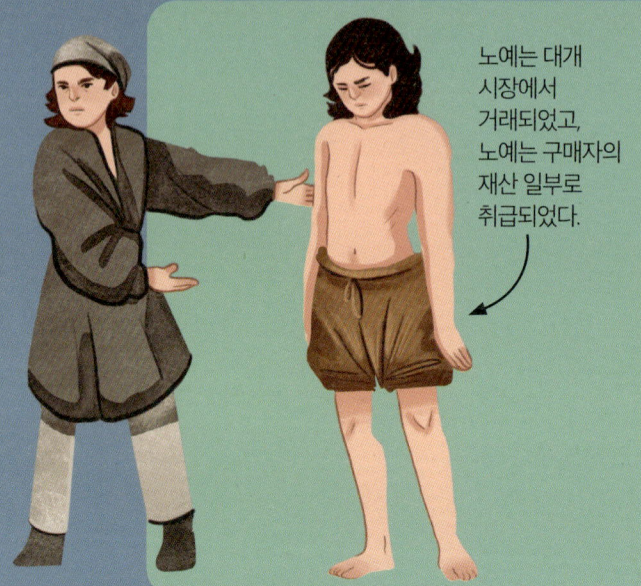

노예는 대개 시장에서 거래되었고, 노예는 구매자의 재산 일부로 취급되었다.

노예가 되다

사람들은 여러 이유로 노예가 됐어요. 어떤 사람은 어머니가 노예여서 태어날 때부터 노예였고, 또 어떤 사람은 살던 곳이 점령군에게 패배하여 노예가 되었어요. 때로는 아일랜드 남부부터 중국, 일본에 이르는 바닷가 근처에 살다가 노예가 되기도 했어요. 해적이 내륙을 기습해서 사람들을 납치해 노예로 팔아 버렸거든요. 중세에는 교회가 기독교인 노예를 사고파는 일을 금지했기 때문에 노예 무역은 중동의 노예 시장을 중심으로 형성되었어요. 가장 최근이면서 잔인한 노예에 대한 착취는 **신세계**에서 일할 **아프리카 흑인**을 납치해서 사고판 일이었답니다.

아프리카를 떠나다

유럽 침략자들은 남아메리카와 북아메리카, 카리브해 일대의 땅을 차지하고 작물을 기르기 시작했어요. 하지만 더운 날씨에 힘든 농사일을 기꺼이 해낼 유능한 일꾼이 부족해지자 지주들은 곧 소름 끼치는 거래에 손을 댔죠. 1570년대에 포르투갈이 앙골라에 아프리카인 노예 거래소를 열었는데, 그때부터 식민지에 거주하던 유럽인들은 노예로 삼은 아프리카인을 배에 태워서 대서양 반대편으로 보냈어요. 아랍 노예상들은 노예를 찾으려고 아프리카 원정에 직접 나섰지만, 유럽 상인들은 내륙 깊숙이 들어가는 일이 드물었어요. 대신 아프리카 부족장이나 상인에게서 노예를 사들였죠. 아프리카의 몇몇 왕국에서는 포획한 포로를 노예로 파는 게 주요 수입원이었답니다.

대서양 노예 무역

노예가 되면 쇠사슬에 묶인 채 배에 빼곡하게 실려서 바다를 건너요. 이동하는 동안 지독하게 힘든 환경을 견뎌야 했고 인간보다는 화물처럼 취급되었죠. 처음에 배에 탄 사람의 10~20% 정도는 바다를 건너다가 사망했어요. 일단 아메리카 대륙에 도착하면 이들은 설탕, 커피, 담배, 면화를 기르는 **대농장**으로 팔리거나 **가사 노동**에 투입됐어요.

노예 무역은 삼각 항로를 따라 이동하던 선박 주인에게 큰돈을 벌어 주었어요. 바로 **삼각 무역**인데, 먼저 배에 철, 직물, 총과 같은 상품을 실어서 유럽에서 아프리카로 옮겼어요. 아프리카에서 그 상품을 팔고 나면 짐칸을 노예로 채웠지요. 신세계에 도착해 노예를 다 팔면 배는 다시 설탕, 담배, 면화를 싣고 유럽으로 돌아오는 방식이었어요. 유럽에 팔린 몇몇 노예들은 외국의 기이한 물건 정도로 취급되기도 했답니다.

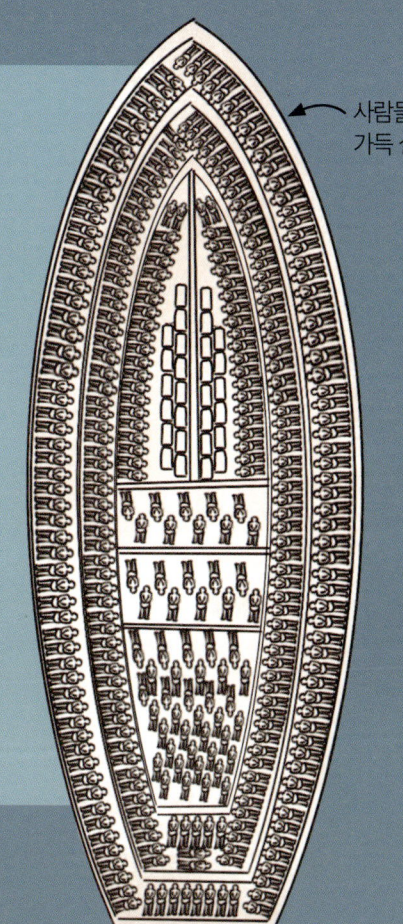

← 사람들이 물건처럼 가득 실린 노예선

노예의 삶

노예는 **재산**으로 간주됐어요. 족쇄나 쇠사슬을 채우고 신체적으로 학대를 하기도 했어요. 주인은 노예를 다른 주인에게 팔거나 결혼을 허락하지 않았고, 때로는 아이를 빼앗는 등 자신이 원하는 대로 다뤘어요.

노예에게는 어떤 권리도 없었어요. 많은 이가 설탕 농장으로 끌려갔고, 면화 재배를 비롯해 유럽인의 입맛에 맞는 담배, 커피 만들기에 투입되었죠. 매순간 감독관에게 감시받으며 쉬지 않고 일했답니다.

79

1700년~1799년

18세기는 변화와 갈등의 시기였어요. 유럽에서는 산업 혁명이 일어나면서 사회가 완전히 바뀌었어요. 같은 시기 미국은 영국의 지배에서 벗어났으며, 프랑스는 왕실을 타도했지요.

1775년~1783년
북아메리카 13개 영국 식민지와 영국 사이에서 **미국 독립 전쟁**이 벌어졌다. 1778년에는 프랑스도 참전하였고, 이후 에스파냐, 네덜란드 등의 도움을 받았다. 드디어 1783년에 미국은 독립국이 되었다.

1701년
제스로 툴이 **기계화된 파종기**를 발명하면서 농작물을 훨씬 더 빨리 심을 수 있었다.

1755년
포르투갈 **리스본**이 강력한 **지진**으로 파괴되었다. 지진으로 발생한 화재가 도시를 초토화했으며, 지진 해일 때문에 잔해가 물에 잠겨 최대 10만 명이 사망했다. 리스본 지진은 과학적으로 연구한 최초의 지진이다.

1712년
토머스 뉴커먼이 최초의 **증기 기관**을 발명했는데, 주로 광산에서 물을 퍼내는 데 쓰였다.

1781년
윌리엄 허셜이 **천왕성**을 발견했다. 천왕성은 고대 이후 처음 식별한 행성이다.

천왕성

1700년

1757년
중국이 외국과의 교역을 광저우의 항구로 제한하고 **13행**을 설치했다. 13행은 중국과 서양 사이의 무역 대부분이 이루어진 유일하고 주요한 합법적 장소로서, 상점 및 창고로 이루어졌다.

1724년
러시아 표트르 대제는 덴마크 태생의 탐험가 비투스 베링에게 명령해 아시아와 아메리카가 이어져 있는지 알아보고자 했다. 베링은 시베리아를 횡단해서 태평양까지 갔으며, 러시아 동부와 알래스카 사이에 좁고 긴 바다를 찾아냈다. 이 바다는 현재 **베링 해협**이라고 부른다.

1762년
예카테리나 대제가 러시아 여제로 즉위했다. 그가 재위하는 동안 러시아는 영토를 확장하고 많은 신도시를 건설했으며 강대국으로 이름을 떨쳤다. 하지만 여전히 농노제(▶56~57쪽)가 이어졌다.

1787년
영국이 유죄 판결을 받은 범죄자들을 오스트레일리아로 수송하기 시작했는데, 이들이 **오스트레일리아에 정착한 최초의 유럽인**이 되었다.

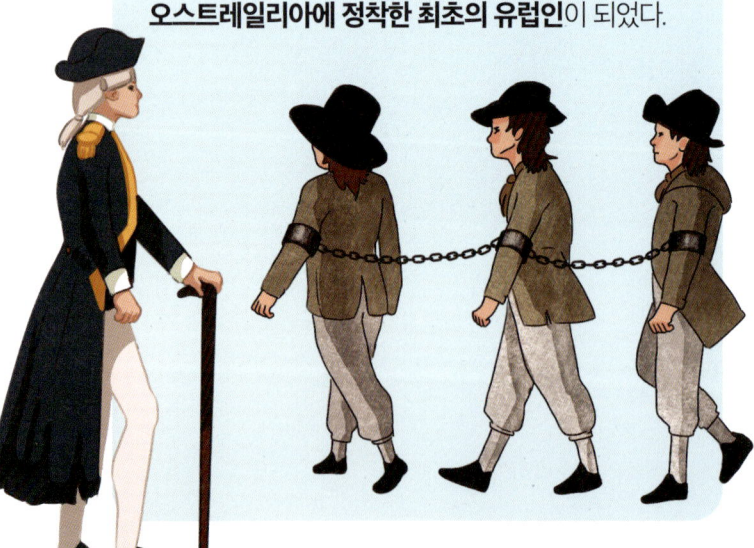

1789년~1799년

1789년에 가뭄, 빈곤, 부당한 세금 징수 때문에 프랑스의 민중이 부유한 지배 계급에 대항하여 반란을 일으켰다. 이들은 새로운 헌법(국가가 어떻게 통치되는지 설명하는 법)을 요구하며 국민 의회를 구성했다. 군대의 공격을 걱정한 파리 시민들은 **바스티유 감옥**에 쳐들어가 반격에 쓸 무기와 화약을 찾았다. 1789년 말 국민 의회가 **인권 선언**을 채택하면서 자유와 평등의 원칙을 분명히 밝혔다.

바스티유 감옥 습격은 프랑스 대혁명의 시초가 되었다.

1793년

목화송이에서 씨를 빼 주는 **조면기**의 발명으로 면화 생산이 훨씬 쉬워지고, 노예제가 확대된다. 면화의 수익성이 한층 높아지면서 더 많은 사람이 강제로 미국의 목화밭에서 일해야 했다.

1792년

국왕 루이 16세가 폐위하고, 프랑스는 **공화국으로 선포된다.**

1791년~1804년

아이티에서 노예가 된 사람들이 프랑스의 지배에 반란을 일으켰다. 이 혁명의 결과 1804년 **아이티는 독립 국가**가 되었다.

투생 루베르튀르 장군은 아이티 독립 전쟁이 된 노예 반란을 이끌었다.

1793년~1794년

프랑스 대혁명이 혁명파의 내부 분쟁으로 '공포 정치'에 접어든다. 1793년에 국왕을 처형했으며, 누구든 혁명에 반대한다는 죄목이 붙으면 처형되었는데 여기에는 부유층 대다수가 포함되었다. 결국 사람들은 폭력에 반대하여 반란을 일으켰고 좀 더 온건한 정부가 들어섰다.

1799년

많은 프랑스 귀족이 기요틴(단두대)으로 처형되었다.

프랑스 군사령관 **나폴레옹 보나파르트**가 권력을 잡으면서 혁명이 끝난다.

산업 혁명

프랑스, 아이티, 미국, 남아메리카에서 일어난 여러 혁명이 사람들의 삶을 바꾸는 동안, 1750년경 영국에서 시작한 산업 혁명은 근대 사회로의 문을 활짝 열었어요. 특히 기계화로 인한 대량 생산 방식은 산업 혁명의 핵심이에요.

나무에서 석탄으로

사람, 수력 등으로 기계를 돌릴 때는 주 연료가 **나무**였어요. 하지만 숲을 많이 베어 내면서 나무가 비싸졌기 때문에 석탄이 더 중요한 연료가 되었답니다. 산업 혁명이 영국에서 가능했던 이유는 석탄 매장량이 풍부했기 때문이에요. 1712년에 토머스 뉴커먼이 석탄을 연료로 하는 **증기 기관**을 발명했어요. 뉴커먼의 증기 기관은 석탄 광산에서 물을 퍼낸 덕분에 훨씬 효율적으로 작업할 수 있었어요. 석탄을 캐는 데 증기 기관을 이용하고, 그렇게 캔 석탄으로 더 많은 증기 기관을 작동하는 셈이죠. 다른 기계에도 증기 기관을 사용할 수 있었어요. 제임스 와트가 1760년대에 증기 기관을 개량하면서 대량 생산 시설에 도입해 직물 제조에 가장 먼저 사용했답니다.

제임스 와트의 증기 기관

탄광에서 공장으로

증기 기관은 제조업뿐만 아니라 **교통수단**에도 큰 영향을 미쳤어요. 1804년에 웨일스에서 처음 운행한 기차는 광산에서 철과 석탄을 나르는 용도로 쓰이다가 곧 다른 상품도 운반하고 사람을 태워 이동시키게 되었어요. 보트와 선박도 증기 기관을 사용했고, 자동차를 만드는 데도 비슷한 원리가 적용되었답니다.

1831년 미국에서 드위트 클린턴 기관차가 처음 달렸다.

농장에서 공장으로

광산에서 석탄 차를 끌 아이들이 필요했다. 어른보다 작아 땅속 깊숙이 자리한 낮고 좁은 터널을 통과할 수 있었기 때문이다.

산업 혁명 이전에는 세계 인구의 약 80%가 농사를 지었어요. 오늘날 산업화가 진행된 나라에서는 인구의 1~2% 정도만 농업에 종사해요. 기술 발전과 개량한 농사법 덕분에 일하는 사람이 많지 않아도 더 많은 식량을 더 쉽게 생산하게 되었어요. 그래서 농사를 짓던 많은 사람이 다른 일을 찾아야 했죠. 어떤 사람들은 점점 늘어나던 석탄 광산으로 향했고, 또 어떤 이들은 노동자를 찾는 **공장**이 있던 도시로 갔어요. 하지만 노동자들이 일하는 환경은 열악했어요.

광석 채굴

석탄을 더 많이 쓴다는 건 더 많은 사람이 광산에서 일해야 한다는 뜻이었어요. 그렇지만 광산에서 석탄만 캐지는 않았어요. 기계를 만드는 데 필요한 **철**과 산업 공정에 필요한 금속 및 화학 물질의 수요도 늘었기 때문에 채굴의 종류도 다양해졌어요. 채굴한 금속은 광석에서 제련한 다음, **주물 공장**에서 금속 제품으로 만들었어요. 이곳에서 사람들은 고열을 이용해 금속을 액체로 녹여내는 위험한 작업을 해야 했어요.

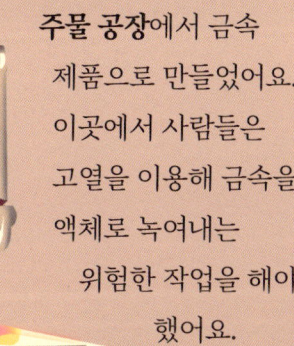

직물에서 시작한 산업 혁명

산업 혁명에서 가장 중요한 상품 중 하나는 **직물**이에요. 실을 잣고 천을 짜는 일은 한때 시간이 오래 걸리는 공정이었지만, 기계화 덕분에 빨라졌어요. 공장의 거대한 방직기가 모직과 면직을 빠른 속도로 생산했죠. **면**은 특히 수요가 높았어요. 산업 혁명 이전에 면직물은 임금이 낮은 인도에서 저렴하게 생산해 수입할 수 있었어요. 하지만 이제는 영국의 새로운 공장에서도 싸게 대량으로 면직물을 생산하는 게 가능해진 것이죠. 이에 따라 미국의 노예가 재배한 면화는 자동 직조를 위해 영국으로 수송되어 공장의 거대하고 빠르게 움직이는 기계가 생산하게 되었답니다.

열악한 노동 환경

혹독하고 위험한 환경에서 오래 일하는 노동자들은 우후죽순으로 들어선 **빈민가**의 매우 초라한 집에 모여 살았는데, 이런 집에는 신선한 공기나 여유 공간이 거의 없었어요. 도시의 공기는 연기와 공장 매연으로 오염되었고, 강은 산업 폐기물로 더러워졌어요. 그 결과 많은 사람이 건강이 나빠져서 고통받았어요. 사람들은 낮은 임금을 받으며 많은 시간을 일해야 했는데, 아이들도 마찬가지였어요. 많은 어린이가 10살 무렵부터 일하기 시작했죠.

1800년~1849년

19세기 전반 유럽이 겪은 극적인 변화는 혁명으로 끝이 났어요. 유럽을 벌벌 떨게 했던 나폴레옹은 워털루 전투 패배로 몰락했으며, 영국은 노예제 폐지를 향한 긴 여정을 시작했지요. 한편 19세기는 기근과 재난의 시기이기도 하답니다.

1804년
나폴레옹이 프랑스 황제로 즉위한다. 황제에 오르기 전 나폴레옹은 유럽의 다른 나라들을 격파하며 프랑스의 영웅이 되었다.

1808년~1825년
나폴레옹의 군대가 에스파냐 국왕을 끌어내렸고, **남아메리카의 에스파냐 식민지들이 독립**한다.

1815년
인도네시아 **탐보라** 화산이 폭발한다. 2000년 역사상 가장 강력한 화산 분화였다.

1800년

1804년
메리웨더 루이스와 윌리엄 클라크가 **북아메리카** 내륙과 서부를 **탐험하러** 떠났다. 이들은 1만 2,870km를 여행해서 태평양에 도착했다.

1807년
노예 무역 폐지 법안이 통과되면서 대서양을 횡단하는 노예 무역이 불법이 된다.

1812년
나폴레옹이 러시아를 침공하지만 러시아의 겨울에 대비하지 못했던 그의 군대는 추위, 피로, 질병으로 대부분 사망한다. 그 뒤 1815년 벨기에 워털루 전투에서 패하면서 몰락한다. 나폴레옹은 대서양에 있는 세인트헬레나섬에 유배되었다가 1821년에 세상을 떴다.

1816년
샤카가 남아프리카 줄루족의 족장이 되었다. 군사적 재능이 뛰어났던 그는 순식간에 다른 부족들을 점령해 통합했다. 어머니의 사망 이후 슬픔에 빠져 수백 명을 처형하고 작물 파종과 우유의 사용을 금지했고, 1828년에 암살당했다.

하늘에 퍼진 화산재가 수년 동안 인상적인 일출과 일몰을 연출했다.

1816년
탐보라 화산이 분화한 다음 해는 **'여름이 없는 해'**로 기록되어 있다. 먼지와 재가 햇볕을 가려서 전 세계적으로 춥고 흉년이 들었다. 이에 따라 기근으로 10만 명 이상 사망했다.

1838년
영국이 **아프가니스탄**에 진입하고 다음 해에 수도 카불을 점령한다. 영국은 아시아에서 제국을 확장하고 있었으며, 러시아도 같은 지역을 손에 넣고 싶어 했다. 이렇게 영국과 러시아가 중앙아시아를 두고 벌였던 다툼인 **그레이트 게임**이 시작되었다.

1845년~1852년
감자 역병이 돌아 **아일랜드 대기근**이 발생해서 거의 100만 명이 목숨을 잃었다. 아일랜드 농부들은 식량과 수입원으로 감자에 의존하고 있었다. 당시 아일랜드는 영국의 식민지였으나 영국 정부는 어떤 도움도 주지 않았다.

1849년

1820년
러시아 원정대가 **남극** 대륙을 최초로 발견했다.

1819년
영국에서 **9살 이하 어린이의 노동을 금지**하고, 9세~16세 사이의 노동자는 하루에 12시간 이상 일하지 못하게 하는 새로운 법안이 통과되었다.

새 법안이 통과되기 전에는 4살 아이들도 하루 최대 14시간을 위험한 기계 밑에서 면화 조각을 주우며 청소를 했다.

1831년
사이러스 매코믹이 **콤바인**(탈곡기)을 처음 선보였으며, 이는 농사에 혁명을 일으켰다.

1833년
노예제 폐지법으로 영국 대부분의 식민지에서 노예제가 폐지된다. 하지만 동인도 회사가 점령한 지역은 예외였다.

1839년~1842년
아편을 중국으로 밀수하는 영국을 막기 위해 **제1차 아편 전쟁**이 벌어진다. 중국에서 아편은 불법이었으나 중독성 강해 순식간에 인기를 끌었다. 두 차례의 아편 전쟁에서 패한 청나라는 강제로 아편을 합법화해야 했으며 더 많은 항구를 개항하고 영국에 홍콩을 내주어야 했다.

1845년
북아메리카에서 땅의 주인인 원주민을 몰아내는 걸 정당화하기 위해 **명백한 운명**이라는 개념이 사용되었다. 이에 따라 미국은 순식간에 영토를 팽창해 나갔다.

1848년
카를 마르크스와 프리드리히 엥겔스가 《**공산당 선언**》에서 생산 수단은 노동자가 소유해야 하며, 자원은 필요에 따라 분배되어야 한다고 주장했다. 두 사람은 노동자가 힘을 합쳐 지배 계급을 타도하기를 바랐다.

혁명의 해

1848년 유럽 전역에서 잇따라 혁명이 발발했어요. 동쪽의 루마니아부터 서쪽의 프랑스까지, 남쪽의 시칠리아부터 북쪽의 폴란드까지, 사람들은 시대에 뒤떨어지고 공정하지 못한 정치 체제에 반대하여 들고일어났어요. 이는 유럽이 경험한 가장 광범위한 혁명의 물결이었죠.

혁명의 도화선

수백 년 동안 유럽을 움직인 통치 체제는 **산업 혁명**이 물꼬를 튼 새로운 세상에 적합하지 않았어요. 많은 사람이 일자리를 찾아서 농장을 떠나 도시로 이주했는데, 그곳에서의 일은 고되고 위험했으며 거주지는 건강을 해쳤어요. 기계화로 인해 수공업자들은 일자리를 잃었고 대신에 질이 낮고 급여가 적은 공장 일을 해야 했거든요. 이때 노예 해방, 억압받는 여성, 빈곤층의 심각한 상황 등 **자유**와 **개혁**에 관한 이야기가 떠돌았어요. 1840년대 흉작으로 민중은 많은 권리와 더 나은 정부를 강력히 원하면서 상황은 중대한 국면을 맞았어요. 그중 프랑스 파리는 1848년 2월에 가장 먼저 혁명의 물결이 휩쓴 도시 중 하나였어요.

통일을 향한 길

많은 유럽 근대 국가는 1848년까지 단일 국가가 아니었어요. 독일은 연방국으로서 프로이센이 연방에서 가장 컸죠. 이탈리아는 통치자가 다른 여러 소국으로 나뉘어 있었고요. 반면에 오스트리아·헝가리 제국은 오스트리아와 헝가리뿐만 아니라 중부와 동부 유럽의 여러 국가까지 차지했어요. 1848년 유럽 각지에서 일어난 혁명은 **민족의 독립과 통일을 위한 투쟁**이었는데, 작은 나라들이 연합하거나 더 큰 제국의 통치에서 벗어나려는 움직임이었답니다.

베를린을 비롯한 독일의 여러 도시에서 혁명파는 독일의 통일을 요구했다.

유럽 도시에서 혁명파는 거리에 세운 바리케이드 뒤에서 싸웠다.

1848년 혁명 전개 과정

1847년~1848년: 시칠리아에서 빵값 때문에 폭동이 일어나고, 프랑스 군주가 쫓겨나요.

1848년 2월: 프랑스의 파리와 여러 도시에서 혁명이 일어나요. 사람들은 국왕과 의회를 추방하고 새로운 정부를 구성했으며 루이 나폴레옹(나폴레옹 보나파르트의 손자)을 대통령으로 뽑았어요.

1848년 3월: 독일의 혁명파가 단일 국가로의 통일 독일, 언론의 자유, 결사의 자유(모임을 만들고 만나서 생각을 나눌 자유)를 요구했어요.

1848년 3월: 오스트리아·헝가리 제국에서 봉기가 일어나면서 지지도가 낮았던 군주 메테르니히가 자리에서 물러나요. 메테르니히가 사라지자 부유층과 빈곤층이 서로 등을 돌렸는데, 부유층이 노동자 계급에 권리를 주려고 하지 않았기 때문이에요.

1848년 3월~1849년 8월: 헝가리 혁명이 가장 오래 걸렸어요. 결국 러시아 차르 니콜라스 1세가 오스트리아·헝가리 제국을 도와주면서 혁명을 진압했지만, 봉건주의는 성공적으로 막을 내렸어요.

- 🟠 혁명 봉기
- 🟩 독일 연방

군대는 때때로 장비를 제대로 갖추지 못한 혁명파에게 대포를 사용했어요.

혁명의 결과

대대적인 혁명으로 지배 계급은 깜짝 놀랐고 혁명파는 대부분 지역에서 초기에 성공을 거뒀어요. 하지만 부유층이 조직을 재정비하면서 1849년 여름 혁명을 진압하고 권력을 다시 잡았어요. 혁명파는 조직화가 부족했고 종종 어긋나는 생각과 목표를 지닌 집단이 함께 있었어요. 또 부유했던 중산층은 빈곤층에게 권리와 권력을 주고 싶어 하지 않았죠. 영구히 바뀐 지역도 있었지만, 1851년에는 거의 혁명 전 상태로 돌아갔어요. 그럼에도 불구하고 중요한 성과 중 하나는 마침내 **봉건제가 끝나고** 땅을 일구는 사람들이 자신의 삶을 어느 정도 통제할 수 있게 되었다는 점이에요. 프랑스는 다시는 국왕을 세우지 않는 공화국으로 남았어요. 이탈리아와 독일은 통일의 길로 나섰으며, 지지받지 못한 일부 군주는 영원히 사라졌어요. 그리고 새로운 씨앗이 뿌려졌죠. 사람들이 투쟁한 권리인 투표할 권리, 언론의 자유 등이 유럽에 뿌리내렸어요.

chapter 5

전쟁의 시대

1850년부터 1950년까지 한 세기 동안 세상은 완전히 달라졌어요. 전쟁과 질병을 포함하여 많은 것이 전 세계로 퍼졌지요. 인간은 처음으로 북극과 남극에 도달했으며, 유럽 침략국들은 아프리카에 더욱 깊숙이 침투해서 대륙을 나눠 가졌어요. 미국 백인은 점점 더 서쪽으로 전진하며 원주민을 몰아내고 학대했답니다. 이들은 예전부터 평원을 누비던 아메리카들소를 죽이고 대초원의 목초를 훼손하며 자연을 파괴했죠.

유럽 국가들이 세상의 많은 부분을 지배하고 있었기 때문에 1914년과 1939년에 유럽에서 일어난 전쟁은 곧 세계 대전으로 확대되었고, 식민지 원주민까지 징용되었어요. 전쟁은 신기술 개발에 박차를 가했는데, 제1차 세계 대전에서는 탱크와 비행기가 사용되었고 제2차 세계 대전에서는 핵무기와 로켓 미사일이 등장했지요. 또한 다친 군인을 치료하기 위해 항생제를 비롯한 신약 개발이 활발하게 이루어지면서 의학도 발달했답니다.

1850년~1899년

19세기 전반에 민족주의가 대두했어요. 즉 국가는 다른 나라로부터 독립하고 덜 협력하면서 자국민을 보호하고 힘과 영향력을 키우는 데 관심을 쏟았어요. 프랑스와 러시아는 산업화와 근대화에 초점을 맞췄고, 중국과 인도는 외세의 지배에서 벗어나고자 했어요.

1859년

찰스 다윈이 책을 출간하여, 시간이 흐르면서 유기체가 변화한다는 **진화론**을 주장한다. 인간을 신이 특별히 창조한 존재가 아닌, 진화한 또 다른 동물로 여기는 진화론에 많은 사람이 이의를 제기했다.

1851년~1864년

태평천국 운동에서 종교 지도자 홍수전과 그를 따르는 200만 명의 무리는 청나라를 전복시키려 했다. 반란은 성공하지 못했으며, 최소 2천만 명이 목숨을 잃었다.

1857년~1859년

동인도 회사의 군대에서 일하는 인도 군인들, 즉 세포이가 동인도 회사에 반란을 일으키며 **세포이의 항쟁**이 일어난다. 영국은 반란을 진압하고 동인도 회사를 청산한 다음 인도를 식민지로 직접 통치하기 시작했다.

1863년~1864년

1863년에 국제 적십자 위원회(ICRC)가 창설된다. 1864년에는 제1차 제네바 협약이 채택된다. 이는 1859년에 프랑스 및 이탈리아 피에몬테주와 오스트리아·헝가리 제국이 맞붙은 **솔페리노 전투**에서 벌어진 잔혹 행위에 대응하기 위해서였다.

1850년

← 빈센트 반고흐(1853~1890)

1853년

네덜란드 화가 **빈센트 반고흐**가 태어났다. 그는 세상을 뜰 때까지 <별이 빛나는 밤(1889)>, <해바라기(1888~1889)> 시리즈 등 세계적인 작품들을 남겼다.

주세페 가리발디(1807~1882)

1860년~1861년

혁명가 **주세페 가리발디**가 이탈리아 통일 운동을 이끈다. 1861년에 이탈리아 왕국이 선포되었으며, 로마를 점령하면서 이탈리아는 완전히 통일된다.

1851년

영국 런던 수정궁에서 모든 나라의 산업 생산물을 선보이는 **런던 엑스포**가 열렸다. 하지만 전시품 10만 점 중 절반 이상이 대영 제국 제품이었다. 런던 엑스포는 최초 국제 박람회로 기록된다.

수정궁은 박람회를 위해 불과 9개월 만에 완성되었다.

1861년

유럽과 미국을 따라잡기 위해서는 러시아에 근대화와 산업화가 필요하다는 사실을 깨달은 **차르 알렉산드르 2세**는 농노 2천만 명을 해방한다. 또한 군대를 재정비하고 광대한 러시아를 아우르는 철도망을 계획했으며 법 체계를 바꾸고 720만 달러에 알래스카를 미국에 팔았다.

← 농노제는 유럽 대부분 지역에서 폐지된 후에도 러시아에 수백 년 동안 남아 있었다.

1869년

이집트 **수에즈 운하**가 완공되어 지중해와 홍해를 연결하고 유럽과 아시아를 이어 주는 통로 역할을 하게 되었다.

1869년

사냥꾼이 프랑스 선교사에게 **대왕판다** 가죽을 보내면서 서양인들이 판다를 처음 알게 되었다.

1899년

• 남북 전쟁 •

미국 남북 전쟁은 주로 노예제를 둘러싼 갈등이었다. 북부는 산업화로 인해 노예 제도 폐지를 주장했고, 남부는 여전히 노예를 통한 농업에 의존해 노예제 존속을 주장했다. 1860년에 노예제에 반대하는 에이브러햄 링컨이 대통령에 당선되자 남부의 주들은 연방에서 탈퇴하여 아메리카 남부 연합을 결성한다. 남북 전쟁은 남부 연합군이 도시 섬터 요새를 공격하면서 시작되었고, 남부가 패배하면서 미국은 노예제를 폐지했다.

1861년~1865년

미국 북부와 남부 사이에 **남북 전쟁**이 일어나면서 60만 명이 넘는 사상자가 나왔다.

1870년~1871년

독일이 **오토 폰 비스마르크**의 지휘 아래 프랑스와의 전쟁에서 승리한다. 이후 독일은 통일되어 빌헬름 1세가 황제 자리에 오른다.

1885년

독일에서 카를 벤츠가 가솔린 내연 기관으로 움직이는 **최초의 자동차**를 만든다.

최초의 자동차는 바퀴가 세 개뿐이었다. →

아프리카 침략

아프리카는 대체로 유럽인에게 미지의 세계로 남아 있었어요. 포르투갈, 영국, 프랑스가 해안가에 교역소를 세웠지만 무역 대부분은 아프리카 현지인에 의존했어요. 유럽인들은 질병이나 흑인들이 위협할지도 모른다는 불안함에 내륙으로 들어가지 않았거든요. 일부 국가에서 노예 무역을 금지하자, 식민지를 가진 나라들은 아프리카에서 돈을 벌 다른 방법을 궁리했고 이는 아프리카에 또 다른 재앙이 되었답니다.

가혹한 환경

아프리카 내륙 깊이 들어간 유럽인은 목숨을 잃는 경우가 많았어요. 열대 지방의 풍토병, 땅과 재산을 지키려고 위협하는 원주민, 음식물 부족 등으로 많은 유럽인이 죽었죠. 1876년에 벨기에 국왕 레오폴드 2세는 **국제 아프리카 협회**를 세워 아프리카 대륙을 연구하고 내륙을 조사했어요. 연구자들은 아프리카에 금, 구리, 다이아몬드, 고무 같은 천연자원이 풍부하다는 걸 알아냈답니다.

모기가 옮기는 열대 풍토병 말라리아는 아프리카에 간 수많은 유럽인의 목숨을 앗아갔다.

아프리카 분할

아프리카에 천연자원이 풍부하다는 사실을 알게 된 유럽인들은 자원을 갖고 싶어서 안달이 났어요. 이에 따라 1884년 베를린에서 열린 회의에 참석한 12개 유럽 국가와 오스만 제국(튀르키예), 미국은 아프리카를 나눠 가졌는데 이를 **'아프리카 분할'**이라고 해요. 아프리카 국가를 대변하는 참석자는 없었어요. 유럽은 자신들이 동의하는 어떤 방식으로든 아프리카를 분할할 수 있다고 생각했거든요. 베를린 회담 전에는 유럽이 아프리카의 10%를 지배했으나, 1914년에는 90%까지 늘어났답니다.

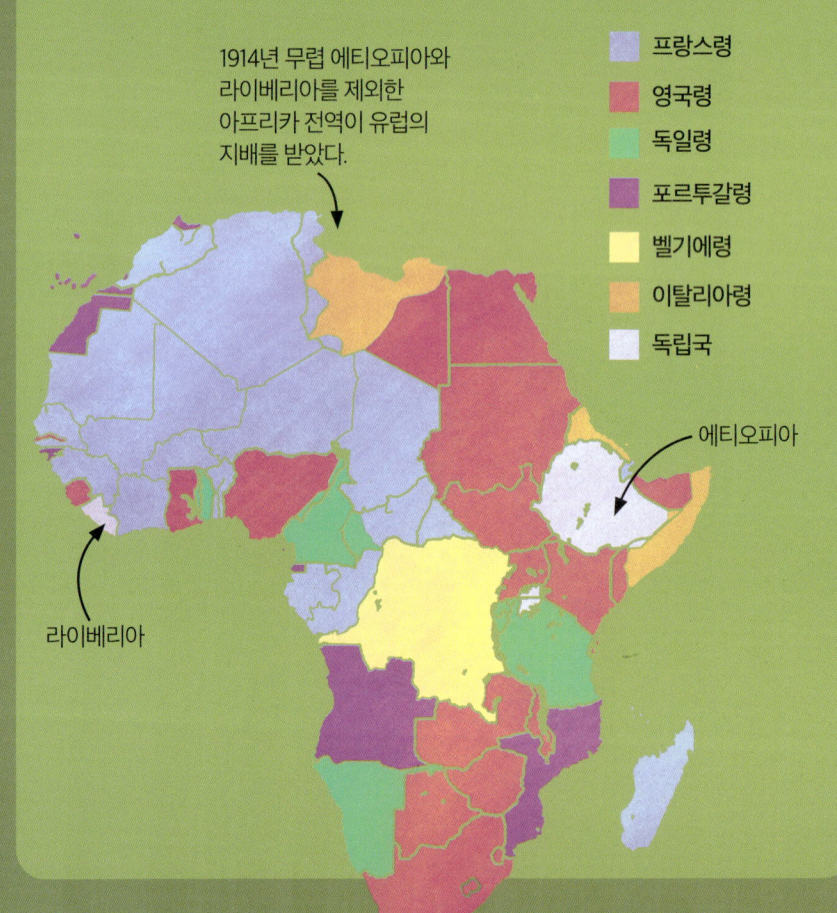

1914년 무렵 에티오피아와 라이베리아를 제외한 아프리카 전역이 유럽의 지배를 받았다.

- 프랑스령
- 영국령
- 독일령
- 포르투갈령
- 벨기에령
- 이탈리아령
- 독립국

에티오피아

라이베리아

아프리카 정복

식민지 본국들은 식민지 주민에게 자신들의 생각과 생활 방식을 강요했어요. 많은 사람이 영어나 프랑스어 같은 점령국의 언어를 사용해야 했고, 지금까지도 아프리카의 많은 나라가 이때 쓰던 언어를 공용어로 써요. 유럽은 자신들의 교육 제도와 정부 체제를 아프리카에 강요했고, 아프리카 고유의 체제와 언어는 사라져 버렸어요. 가장 끔찍한 일은 사람들의 삶이었어요. 유럽에서 옮겨온 질병으로 많은 사람이 목숨을 잃었어요. 낮은 임금을 받으며 침략국을 위해 일하면서 학대받거나 목숨을 잃었고, 땅과 재산도 빼앗겼어요. 독일령 남서아프리카(현재의 나미비아)의 **헤레로족**은 땅과 가축을 빼앗은 독일에 반항하여 봉기를 일으켰어요. 반란은 1904년에 진압되었고, 헤레로족은 학살되거나 샤크섬의 강제 수용소에 갇혔어요.

헤레로족 수감자들

기술을 이용한 침략

유럽은 근대 기술의 도움을 받아 아프리카를 손에 넣었어요. 침략자들은 자신들이 여행한 지역의 지도를 만들고 내륙으로 들어가기 위해 철도를 놓았어요. 숲, 산, 사막이 있으면 이동이 힘들기 때문에 **철도**를 놓아서 내륙과 해안을 연결하는 방법이 가장 효율적이었죠. 유럽인들은 철도로 산악 영토를 지킬 군대를 이동시키고 채굴한 금속과 농경지에서 키운 작물을 옮겼어요. 모든 상품은 철도로 해안까지 수송한 다음 배편으로 운반했어요.

철도 설치도 현지인을 징발해 이루어졌다. 아프리카의 철도 대부분은 식민지 시대에 만들어졌다.

참정권

민주주의에서는 법을 제정하고 통치할 대표를 국민이 선출해요. 그리스에서 민주주의가 처음 등장하고 2000년도 더 지났지만, 최근까지도 남자만 투표할 수 있었어요. 투표 또는 '참정권'을 위한 여성의 투쟁은 전 세계에서 벌어진 길고 힘든 싸움이었어요. 2015년 들어서야 비로소 사우디아라비아가 전 세계에서 가장 늦게 여성 참정권을 인정했답니다.

처음 목소리를 낸 사람들

여성도 투표권을 가져야 한다는 사회 운동은 18세기에 시작했어요. 미국 뉴저지주는 1776년에 재산을 가진 백인 여성에게 투표권을 부여했다가 도로 빼앗기도 했어요. 스웨덴에서는 1718년 세계 최초로 여성에게 투표권을 주었고 1772년까지 여자도 투표할 수 있었어요. 북아메리카 이로쿼이족 여성 부족장들은 1654년에 투표할 수 있었다는 기록이 있으며, 아마 기록을 남기지 않은 다른 많은 곳에서도 여성이 통치 체제에 참여하게끔 허용했을 거예요. 1800년대 후반 유럽과 북아메리카의 여성들은 격렬하게 참정권 운동을 펼쳤어요.

여성 참정권 운동가

영국에서 여성 참정권을 위해 투쟁한 운동가들은 둘로 나뉘었어요. 평화적이고 합법적으로 시위하는 여성들과 기물을 파손하는 등 좀 더 과격하게 맞서는 여성들로 구분됐지요. 에멀린 팽크허스트는 후자의 무리를 이끌었는데, 1903년 여성 사회 정치 동맹을 결성해 여성 참정권 운동에 앞장서며 스스로를 **서프러제트**라고 칭했지요. 반면 평화로운 운동을 벌인 이들은 **서프러지스트**라고 일컬었어요.

과격한 시위에 참가한 서프러제트 중 다수가 체포되었다.

모든 사람이 동등하지 않다

오늘날 현대 민주주의에서는 일정한 나이에 도달한 모든 사람이 투표할 수 있어요. 여성이 투표권을 얻기 전에는 **남성도 재산이 있거나 특정 사회 계층에** 속해야만 투표할 수 있었어요. 영국이나 미국이 여성 참정권을 처음 도입했을 땐 재산이 있는 여성에게만 투표권을 주었어요. 투표할 수 있는 나이도 여성은 대개 남성보다 많아야 했죠. 오스트레일리아에서는 1864년부터 재산을 가진 여성이 지방 투표에서 선거권을 행사할 수 있었어요. 1902년 더 많은 여성이 전국 선거에서 투표하도록 허용한 새로운 법이 통과되었지만, 여전히 원주민 여성은 제외되었답니다.

시위에 참가하여 체포된 여성들은 감옥에 갇혀서도 **단식 투쟁**을 벌였어요. 그러면 이들의 목에 튜브를 꽂아서 음식을 위장에 직접 넣는 잔인한 방식으로 억지로 먹였어요. 이는 투쟁하는 이들의 정신을 망가뜨리려는 의도였지요. 1913년부터 단식 투쟁과 강제 급식으로 목숨이 위태로워진 수감자들은 건강을 회복할 때까지 석방되었어요. 하지만 건강해지면 똑같은 고문을 되풀이했답니다.

단식하는 여성의 코에 호스를 꽂아 억지로 우유를 넣기도 했다.

결국 이뤄 낸 평등

1913년 미국 워싱턴에서 앨리스 폴이 여성 참정권을 위한 첫 번째 전국 행진을 시작했어요. 여성들은 1848년부터 참정권 운동을 해 왔으나, 오직 네 개 주에서만 여성이 선거에서 투표할 수 있었고 1896년 이후에도 상황은 바뀌지 않았어요. 미국 여성들은 전국에서 여성이 투표권을 갖길 바랐어요. 1920년 드디어 여성의 투표권이 인정되었어요. 그러나 모든 여성, 특히 흑인 여성까지 투표하는 데에는 수십 년이 더 걸렸어요. 영국에서는 1918년부터 30세 이상의 여성이 투표할 수 있었고. 10년 후에는 21세 이상 여성에게 투표권이 부여되면서 평등 선거권이 완성되었답니다.

1900년~1919년

20세기는 격변의 시대였어요. 국가 사이에 또는 한 국가 안에서 갈등, 불안, 혁명, 전쟁 등이 이어졌지요. 1910년대는 제1차 세계 대전이라는 대이변과 전 세계적인 전염병으로 막을 내렸는데, 이로 인해 16억 명이었던 세계 인구 중 최대 1억 명이 희생되었답니다.

1901년
영국령 식민지 여섯 곳이 **오스트레일리아 연방**을 구성했다.

1908년
러시아 퉁구스카의 숲 상공에서 불가사의한 폭발로 나무 약 8,000만 그루가 쓰러졌다. **소행성 충돌** 때문인 것으로 추측된다.

1911년
노르웨이 탐험가 **로알 아문센**이 최초로 남극에 도착했다.

다섯 명의 탐사대는 52마리의 개, 네 대의 썰매와 함께했다.

1900년

1905년
열악한 환경에서 살아가던 러시아 민중들이 폭동, 파업을 시작으로 **혁명**을 일으켰다. 차르 니콜라이 2세는 절대 권력을 포기하고 '두마'라는 의회를 설치해야 했다.

1906년
강진과 뒤이은 화재가 미국 **샌프란시스코**를 완전히 파괴했다.

1910년~1920년
멕시코 혁명으로 대통령이 사퇴했다. 하지만 혁명군 내부에서 분열이 일어나 지도자를 한 사람씩 암살했으며 적어도 10년 동안 혁명이 이어졌다.

1911년
신해혁명이 일어나고 중국 청나라가 멸망하면서 2132년에 걸친 제국의 통치도 막을 내린다. 1912년에 쑨원을 대총통으로 한 **중화민국**이 수립되고 중국 국민당은 중국 재통일을 지향하며 결성되었다.

1910년
발명가의 이름을 딴 최초의 비행선 **제플린**이 유료 승객들을 태웠다. 당시에는 제플린이 돈을 내고 비행할 수 있는 유일한 수단이었다. 최초의 상업용 항공기는 1914년에 등장했다.

제플린(독일의 비행선)

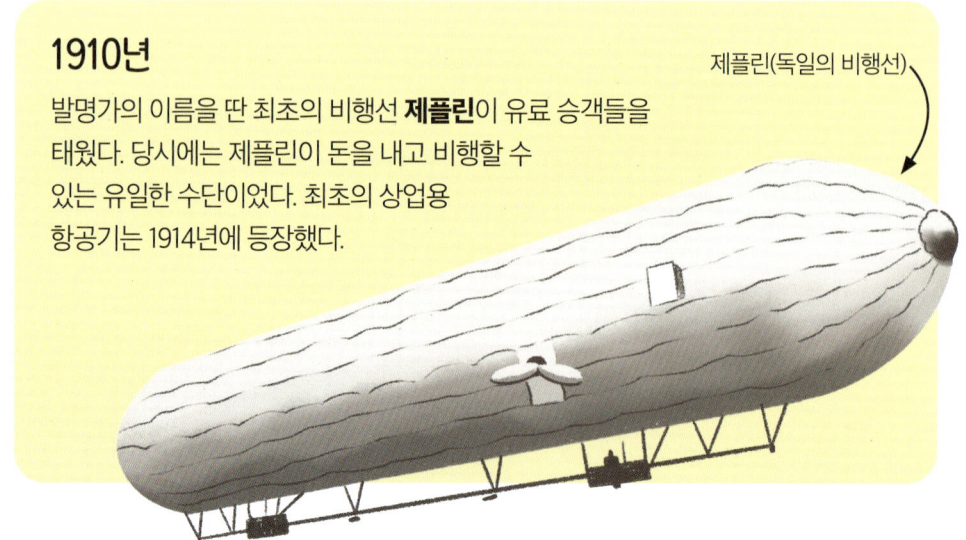

1912년

당시 세계 최대의 선박이었던 RMS(Royal Mail Steamer, 왕립 우편 증기선) **타이타닉호**가 뉴욕으로 향하던 중에 북대서양에서 빙산과 충돌하여 침몰한다. 1,500명 이상이 목숨을 잃은 이 사고 후에 선박 안전 규정이 바뀌었다.

당시 타이타닉호는 침몰할 수 없는 배로 여겨졌다.

1915년~1917년

튀르키예 오스만 제국이 수많은 **아르메니아인**을 집단 학살해 150만 명에 이르는 아르메니아인이 목숨을 잃었다. 기독교를 믿는 아르메니아인들이 제1차 세계 대전에서 러시아와 협력하고 튀르키예를 배신할 수 있다는 이유에서였다.

1917년

러시아에서 1년 사이에 혁명이 두 차례나 일어나면서 니콜라이 2세가 퇴진하고 세계 최초로 공산주의 국가가 들어선다.

· 러시아 혁명 ·

러시아에서 산업화가 진행되면서 가난한 소작농은 일자리를 찾아 도시로 이주했으나, 그곳에서도 절망적인 환경은 이어졌다. 러시아는 대기근이 닥치고 두 번의 전쟁에서 패배하며 1905년 혁명과 제1차 세계 대전 참전으로 재앙을 맞는다. 2월 혁명으로 차르 니콜라스 2세는 강제 퇴위하고 새로운 정부가 개혁했지만, 호응을 얻지 못한 참전은 계속된다. 결국 10월 혁명으로 새 정부를 끌어내렸으며, 블라디미르 레닌이 이끄는 볼셰비키가 집권한다.

1919년

1914년

파나마 운하가 완공되면서 중앙아메리카의 파나마를 통해 대서양과 태평양이 연결된다.

1914년~1918년

오스트리아·헝가리 제국의 후계자였던 프란츠 페르디난트 대공이 보스니아 사라예보에서 암살되며 **제1차 세계 대전**(▶98~99쪽)이 발발한다.

1918년~1922년

레닌 암살 시도 이후 공산주의 세력에 의한 테러, **적색 테러** 활동이 시작되었다. 비밀경찰은 적으로 간주한 모든 이를 표적으로 삼았다. 약 10만 명이 살해되었고 더 많은 수가 정치범 수용소에 투옥되거나 고문당하고 강제 노역을 해야 했다.

1918년~1919년

세계적으로 **인플루엔자가 대유행**한다. 적절한 치료법이나 백신이 없었기에 최소 5,000만 명이 사망했는데, 특히 제1차 세계 대전으로 이미 타격을 입은 나라들을 철저히 짓밟았다.

제1차 세계 대전

제1차 세계 대전은 갑자기 발발한 게 아니에요. 국가간 갈등과 긴장이 고조되어 있었거든요. 유럽 나라들은 한쪽이 공격당하면 서로 도와주는 조약을 맺고서 군대를 키우고 무기를 비축했어요. 프랑스, 러시아, 영국이 연합한 '삼국 협상'이 같은 편이었고, 독일, 오스트리아·헝가리 제국, 이탈리아가 가입한 '삼국 동맹'이 또 다른 한편이었어요. 조그마한 자극으로도 전 세계를 파괴적인 전쟁으로 몰아넣는 시기였답니다.

한 명의 죽음이 수천만 명의 죽음으로

오스트리아·헝가리 제국의 지배로부터 보스니아를 해방하려고 애쓰던 세르비아의 단체가 1914년에 프란츠 페르디난트 대공을 암살해요. 며칠 뒤 오스트리아·헝가리 제국은 세르비아에 전쟁을 선포하죠. 러시아는 오스트리아·헝가리 제국에 반대했고, 삼국 동맹과 삼국 협상에 가입한 강대국들은 전쟁에 뛰어들었어요. 오스만 튀르크 제국은 삼국 동맹과 함께했으며, 전쟁은 1918년까지 이어지면서 **약 2천만 명이 목숨을 잃었어요.**

■ 삼국 협상   ■ 삼국 동맹

참호전

독일은 초기에 서부 전선에서 프랑스를 무찌르고 뒤이어 러시아를 공격할 계획이었어요. 하지만 생각대로 진행되지 않았고 병사들을 보호하기 위해 판 참호에 의지해서 싸우는 지루한 **참호전**이 이어졌어요. 몇십만 군인이 처절한 환경에서 지내다 사망했으며, 주변 농촌 지방과 마을은 쑥대밭이 되었답니다.

식민지의 참전

여러 유럽 국가가 다른 지역에 **식민지**를 두었는데, 이들도 본국을 도와 **참전해야** 했어요. 뉴질랜드(영국령)는 사모아(독일령)를 침략했으며, 오스트레일리아(영국령)는 뉴기니(독일령)를 공격했어요. 일본은 독일과 오스트리아·헝가리 제국에 전쟁을 선포하고 중국에 있던 독일이 점령한 항구를 공격했어요. 아프리카에 있던 식민지들도 본국의 편에서 싸웠어요. 영국 자체 군인 수보다 많았던 인도의 영국군은 영국을 위해 싸웠죠. 전쟁은 유럽뿐만 아니라 아시아와 아프리카까지 확대되었어요. 선박과 잠수함도 군대, 식량, 무기 수송을 저지하려고 전쟁에 참여했어요.

마지막 구식 전쟁

제1차 세계 대전을 기점으로 구식 전쟁이 끝나고 한층 **현대적인 전쟁**으로 바뀌었어요. 제1차 세계 대전은 대규모 기병대와 대포로 싸운 마지막 전쟁이면서 전투기, 기관총, 독가스를 이용한 최초의 전쟁이기도 해요.

독일의 무장 잠수함 U보트는 군함과 상선을 공격했다.

전쟁의 결말

여러 나라가 전쟁에 뛰어들었다가 물러났어요. 러시아는 1917년 두 번째 혁명을 겪고 철수했고 루마니아도 뒤이어 떠났어요. 독일이 중립국 선박까지 공격하는 바람에 미국도 참전하면서 연합국에 유리하게 전개되었어요. 결국 1918년에 독일군은 후퇴했고 11월에 카이저 빌헬름 2세가 퇴위하면서 공식적인 전쟁은 끝났어요. 1919년에는 프랑스 **베르사유**에서 독일을 가혹하게 처벌하는 **조약**이 체결되었는데, 여기에는 막대한 전쟁 보상금과 군대 보유 금지 같은 내용이 포함되었죠. 독일 제국, 오스트리아·헝가리 제국, 오스만 제국, 러시아 제국이 모두 멸망하면서 유럽 각국의 국경이 다시 그어졌어요. 또한 신생 공화국이 생기고 어떤 나라는 독립 국가로 다시 태어났답니다.

1920년~1939년

1920년대와 1930년대는 저항의 시기였어요. 제1차 세계 대전과 인플루엔자 대유행의 여파로 사회는 빈곤에 빠졌어요. 특히 전쟁으로 인해 많은 젊은 남성이 죽거나 다쳐 그 자리를 여자들이 대신했죠. 그러던 중 베르사유 조약의 가혹한 조건 때문에 독일이 제2차 세계 대전을 일으켰답니다.

1921년
소련 공산당의 도움을 받아 **중국 공산당**이 창설되었다.

1922년
1917년 러시아 혁명과 함께 시작한 피비린내 나는 내전으로 **소비에트 연방**(구소련, USSR)이 설립되었다. 단일 정당 국가로, 블라디미르 레닌에 의해 창설된 사회주의 국가였다.

1923년~1938년
무스타파 케말 아타튀르크가 **튀르키예 공화국** 초대 대통령 자리에 오른다. 그는 이슬람의 영향력을 축소하면서 튀르키예의 서구화와 세속화에 힘썼다.

1924년
레닌이 사망하자마자 **이오시프 스탈린**이 소련을 넘겨받았다.

1927년~1950년
중국에서 **국공 내전**이 벌어지면서 정부와 공산당이 대립한다. 중국이 일본에 맞서 싸우고 제2차 세계 대전이 맹위를 떨치던 1937년부터 1945년 사이에는 휴전했다.

1920년

1922년
영국 고고학자 하워드 카터가 인솔하는 팀이 이집트에서 소년 파라오 **투탕카멘**의 무덤을 찾았다. 3000년 동안 모래에 파묻혀 있었다.

하워드 카터는 무덤 안에서 투탕카멘의 철 단검을 포함한 여러 물품을 발견했다.

1923년
극심한 인플레이션으로 독일 화폐가 가치를 잃었다. 독일의 위기는 프랑스와 벨기에에 지불해야 하는 채무 때문이었다. 정부는 더 많은 돈을 찍어 냈지만, 물가는 천정부지로 올라서 10개월 만에 빵 한 덩어리의 가격이 250마르크에서 2,000억 마르크로 치솟았을 정도였다. 많은 사람이 가진 걸 전부 잃었다.

1929년
스탈린이 **집산주의**(국가가 생산 수단을 소유하고 통제하는 것)를 도입한다. 농부에게서 농지를 압류해서 정부 소유의 집단 농장으로 편성했다. 이에 반대하던 사람들은 처형되거나 투옥되었다.

독일 지폐는 가치가 거의 없어서 사람들이 벽지로 쓸 지경이었다. 경제의 균형을 되찾기 위해 예전 지폐는 불태우고 새로운 화폐를 발행했다.

1929년~1939년

미국 경제 문제가 1929년 **월스트리트 폭락**으로 이어지면서 주가가 곤두박질친다. 곧이어 경제가 붕괴하고 기업체가 도산하는 등 **대공황**이 강타했다. 총 노동 인구의 4분의 1이 실직하고 사람들은 도로의 무료 급식소에서 음식을 받으려고 줄을 섰다.

미국 극빈층은 판자촌에서 철판과 고철로 만든 임시 가옥에 거주했다.

1934년~1940년

잘못된 농사법과 가뭄으로 미국 중부에 먼지 폭풍 **더스트볼**이 발생한다. 강한 바람으로 흙이 날리고 땅이 마모되어서 농사를 지을 수 없었다. 결과적으로 농사를 짓던 250만 명이 일자리와 더 나은 환경을 찾아 필사적으로 이주하는 **대이동**이 있었다.

더스트볼의 숨 막히는 바람으로 사람과 가축 모두 목숨을 잃었다.

1939년

1930년

마하트마 간디와 자와할랄 네루가 이끄는 **인도 국민 회의**가 영국의 지배에서 인도의 완전한 독립을 목표로 독립 선언서를 선포하였다.

1932년~1933년

집산주의의 실패로 인한 **기근**이 우크라이나와 소련을 덮친다. 우크라이나에서 인구의 13%에 달하는 4백만 명 가까이가 굶어 죽었다.

1931년

중국 대운하와 양쯔강, 황허강, 화이허강 유역의 **대홍수**는 중국 역사상 최악의 재난이었으며 약 2백만 명의 목숨을 앗아갔다.

1933년

아돌프 히틀러가 독일 총리로 임명되고 그다음 해에는 총통으로 선출된다. 독일을 단일 정당 국가로 만들려 했던 히틀러는 국가 경찰을 확대하고 반대파를 소탕하기 시작한다.

아돌프 히틀러(1889~1945)

1936년~1938년

스탈린 치하의 소련에서 체제를 비판한다는 혐의를 받은 모든 사람을 제거하는 **대숙청**이 일어난다.

1939년

독일이 폴란드를 침공하면서 **제2차 세계 대전**이 시작된다.

제2차 세계 대전

제1차 세계 대전과 이에 따른 힘든 시기를 보내면서 많은 유럽인이 민족주의자가 되었어요. 강력한 국가 정체성을 가지고 조국이 성공하기를 열망했죠. 특히 제1차 세계 대전에서 패하고 크게 시달리던 독일에서 이런 현상이 두드러졌어요. 결국 민족주의는 어느 전쟁보다도 많은 사망자를 낸 제2차 세계 대전의 직접적인 원인이 되었죠. 5,000만 명 이상이 목숨을 잃었는데 그중 소련인이 절반을 넘었답니다.

전쟁 준비

나치(국가 사회주의 독일 노동자당) 지도자 **히틀러**는 독일에서 권력을 잡았어요. 그는 독일 국민에게 애국심을 고취시켰지만, 그들의 믿음은 잘못된 방향으로 흘러갔어요. 히틀러는 독일인이라는 지배 인종을 창조하고 1000년 동안 이어질 제국을 건설하려 했거든요. 그는 유대인을 처형하고 그들의 권리를 빼앗기 시작했어요. 또 오스트리아와 체코슬로바키아 일부를 독일로 병합했고, 1939년에는 폴란드 일부 지역을 침공했죠. 히틀러의 행동을 참아 오던 유럽 국가들도 유럽의 다른 나라를 침략하는 건 받아들일 수 없었어요. 영국과 프랑스가 독일에 전쟁을 선포했고, 1940년에 독일은 프랑스와 벨기에를 침략했어요. 영국이 이들을 도왔으나, 프랑스는 패배해서 무릎을 꿇었답니다.

공중전

제2차 세계 대전은 **항공기**가 중요한 역할을 한 최초의 대규모 전쟁이에요. 히틀러는 영국을 침공할 계획을 세우고 공중전을 시도했으나, 결국 영국이 승리했어요. 그러자 독일 전투기들은 런던 및 영국의 다른 도시들을 폭격했는데, 이 공격을 '**블리츠**'라고 해요. 도시의 공중 폭격은 제2차 세계 대전의 중요한 특징이었고 수많은 시민의 목숨을 앗아갔어요. 영국군도 독일 도시를 폭격함에 따라 유서 깊은 도시들이 잿더미로 변했지요.

블리츠 공격이 이어지는 동안 런던 시민들은 지하철역으로 대피했다.

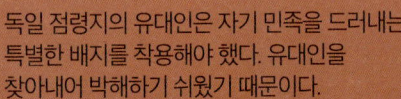

독일 점령지의 유대인은 자기 민족을 드러내는 특별한 배지를 착용해야 했다. 유대인을 찾아내어 박해하기 쉬웠기 때문이다.

폭격을 맞은 독일 드레스덴은 며칠 동안 불탈 정도로 심각했다.

기술 전쟁

국가들이 새롭고 더 강력한 무기를 개발하려고 경쟁했어요. 이미 로켓을 개발 중이던 독일은 **로켓포**를 처음 만들었어요. 항공기도 크게 발전했어요.
전쟁을 위해 개발한 가장 파괴적인 기술은 미국이 만든 **핵폭탄**이었어요. 핵폭탄은 원자력을 동력으로 이용했는데, 원자를 산산이 쪼개서 매우 파괴적으로 에너지를 방출하며 폭발하는 방식이었어요.

많은 여성이 폭탄을 만드는 탄약 공장에서 일했다.

세계의 전쟁

제1차 세계 대전처럼 제2차 세계 대전도 유럽 밖으로 퍼졌어요. 유럽 제국들은 식민지에 군대를 요청했어요. 적은 필수 식량, 군대, 보급품을 수송하는 항로를 차단하기 위해 식민지를 공격하고 봉쇄했어요. 일본은 독일 편에 서서 참전했고 중국과 동아시아의 영국 식민지를 공격했어요. 일본 항공 부대가 미국 함선이 정박해 있던 **진주만**을 공격하면서 미국도 1941년에 전쟁에 뛰어들었어요. 운송에 차질이 생기자 식량 공급에 문제가 생겼고, 몇몇 유럽 국가는 갑자기 식량을 훨씬 더 많이 재배해야 했어요.

아우슈비츠

순수 독일인을 원했던 히틀러의 목표는 유대인을 비롯해 장애인과 집시를 몰살하려는 계획으로 이어졌어요. 이들은 독일과 폴란드에 있던 **아우슈비츠 강제 수용소**로 보내져서 다수는 즉각 살해되었고 남은 이들은 죽도록 일해야 했어요. 전쟁이 끝나고 영국군과 미군이 수용소 문을 열었을 때, 그 안에서 벌어진 참상이 드러났어요.

아우슈비츠 강제 수용소는 인류 역사상 학살이 가장 많이 일어난 장소다.

1940년~1949년

제2차 세계 대전과 그 여파가 1940년대를 지배했어요. 전쟁이 끝난 후 유럽 식민 제국들은 분열하기 시작해서 독립 국가가 되었지요. 전쟁 중에는 서구(유럽과 미국)와 소련 사이에 위태로운 동맹 관계가 유지되었으나 긴장감이 점점 높아졌답니다.

1940년
독일이 **프랑스**를 침공한다. 프랑스가 독일에 항복하고 나치에 협력하는 새로운 정부가 들어선다.

1941년~1944년
독일이 소련을 공격한다. 독일군은 **레닌그라드**(현재의 상트페테르부르크)를 포위하여 식량을 비롯한 보급품이 도시 안으로 들어가지 못하게 했다. 872일 동안 이어진 봉쇄는 역사상 가장 긴 포위 공격이었다. 히틀러는 도시를 완전히 파괴하고 주민 말살을 목표로 삼았다.

레닌그라드 봉쇄 동안 150만 명에 달하는 시민이 목숨을 잃었다.

원자 폭탄은 최소 12만 명의 목숨을 앗아갔다.

1945년
미국이 **히로시마**와 **나가사키**에 원자 폭탄을 투하하자 일본이 항복하면서 아시아에서도 전쟁이 끝난다. 원자 폭탄은 도시를 초토화하고 다수가 화상과 피폭으로 사망했다.

1940년

1940년~1941년
독일이 영국 도시를 집중적으로 폭격하는 **블리츠** 작전을 펼쳐 4만 명이 사망했다.

1942년~1943년
독일과 소련의 역사상 가장 길고 치열한 전투가 **스탈린그라드**(현재의 볼고그라드)에서 벌어져 약 2백만 명이 죽거나 다쳤다. 독일이 패배하면서 전쟁은 전환점을 맞았다.

1945년
소련군이 베를린으로 진격한다. 히틀러가 스스로 목숨을 끊고 **독일이 항복**하면서 제2차 세계 대전은 끝난다.

1945년
평화를 지키고 모든 사람의 권리를 보호하며 전 인류의 성취와 번영을 촉진하기 위해 **UN**(국제 연합)이 창설된다. 유엔은 1948년 세계 인권 선언을 통해 어디서든 보장되어야 하는 인간의 권리를 천명한다.

1945년
제2차 세계 대전에서 일본이 패망하면서 연합군을 대표해 중국이 **타이완**(1895년부터 일본 식민지)을 차지한다.

블리츠 작전은 주로 밤에 진행되었다.

1945년
중국에서 장제스의 국민당과 마오쩌둥의 공산당 사이에 **국공 내전**이 발발했다.

1945년~1948년
스탈린이 알바니아, 불가리아, 동독, 루마니아, 폴란드, 헝가리, 체코슬로바키아에 공산 정부를 세우기 위해 선거에 개입한다. 그는 서방 국가가 소련을 공격할지도 모른다는 두려움에 동유럽이 소련과 서유럽 사이의 완충 지대가 되어 주기를 바랐다.

1948년
아랍계 무슬림 국가로서 영국령 **팔레스타인**에 유대인이 **이스라엘** 땅을 되찾자며 대거 유입된다. 이에 아랍 국가들이 무슬림의 땅을 유대인에게 주는 걸 반대하면서 1948년 아랍과 이스라엘의 **중동 전쟁**이 발발한다.

1948년
남아프리카 공화국이 흑인과 백인을 분리하는 **아파르트헤이트**를 공식화한다.

1948년
영국이 세계 최초로 세금으로 운영하는 무상 의료 서비스인 **국민 건강 보험**(NHS)을 시작한다.

1949년

인도의 독립 운동을 이끈 마하트마 간디는 인도가 독립한 다음 해에 암살당했다.

1947년
인도가 영국으로부터 독립하면서 **인도**와 **파키스탄**으로 분리되었다. 파키스탄은 대부분 무슬림인 반면, 인도는 시크교와 힌두교의 발상지였다. 사람들이 이동하면서 폭력과 혼란이 뒤따랐다. 많은 이가 종교 박해를 피해 도망치면서 가진 것을 모두 잃었다.

마오쩌둥은 중국을 완전히 바꿔 놓을 개혁을 시작한다.

1949년
중국 국공 내전에서 공산당이 승리를 거둔다. **마오쩌둥**은 **중화 인민 공화국**을 선포하고 스스로 주석(국가 최고 직위)에 오른다. 장제스는 타이완으로 쫓겨난다.

1949년
북대서양 조약 기구(NATO)가 소련에 맞서 서방(서유럽의 자유주의 국가)을 지키기 위해 설립된다.

폭군과 독재자

20세기 유럽, 아시아, 남아메리카, 아프리카 일부에는 억압적이고 극악무도한 정부가 들어서요. 이런 정부는 보통 독재자가 좌지우지했어요. 독재자는 권력을 장악하거나 헌법이 정한 이상으로 권력을 휘둘렀죠. 더 나아가 자국민을 권력과 힘으로 누르며 잔혹 행위까지 저지르는 폭군이 되었답니다.

독재자의 특징

독재자는 정치적으로 우파(보수적이거나 온건한 경향을 지닌 사람들), 좌파(진보적이거나 급진적인 경향을 지닌 사람들) 어느 집단에서 시작됐든지 극단적인 태도를 취해요. 국민을 억압하고 비밀경찰을 이용해 감시하며 반대자라고 생각하면 누구에게든 폭력을 행사하거든요. 절대 권력을 지녔기 때문에 타인의 조언을 받아들이지 않지요. 그래서 이들에게는 적이 많을 수밖에 없어요. 독재자들은 배신당할지도 모른다는 공포심 때문에 강박적으로 반대자를 색출하여 망가뜨리며 **폭군**이 된답니다.

이반 4세는 최초의 차르가 되었다가 1564년에 자리에서 물러났다. 훗날 절대 권력을 지닌 폭군이 되어 왕위로 돌아와서는 1570년 자신의 적대 세력 본거지인 대도시 노브고로드를 파괴했다.

권력을 잡는 일

독재자와 폭군은 다양한 방식으로 권력을 잡아요. 어떤 사람은 무력이나 혁명으로 자리에 오르고 또 어떤 이들은 권력을 물려받거나 선거에서 이겨 시작하지요. 그렇게 얻은 권력을 부당하게 키우면서 독재자와 폭군이 돼요. **20세기 폭군**에는 소련의 스탈린, 독일의 아돌프 히틀러, 중국의 마오쩌둥, 우간다의 이디 아민, 캄보디아의 폴 포트, 에스파냐의 프랑코, 칠레의 아우구스토 피노체트, 북한의 김정일이 있어요. 그중 스탈린은 레닌의 사망 이후 정권을 장악했어요. 다른 많은 독재자처럼 부정 선거를 해서 합법적으로 권력을 잡은 것처럼 꾸몄죠. 마오쩌둥은 국공 내전에서 승리한 혁명군을 이끌었고 폴 포트는 캄보디아 농민층의 지지를 얻은 혁명가로서 1974년에 민심을 잃은 정부를 공격해서 무너뜨려 정권을 잡았어요.

스탈린은 경쟁자가 없는 상태로 거의 30년 동안 소련을 지배했다.

우간다의 히틀러로 불린
이디 아민(1925~2003)

이념과 권력욕

어떤 독재자는 행동에 직접적인 영향을 미치는 **잘못된 견해**를 굳게 **믿었어요.** 히틀러는 독일 민족이 우월하다고 믿었고 독일이 유럽에서 가장 강력한 국가이며, 또한 그렇게 되어야 한다고 생각했어요. 마오쩌둥과 폴 포트는 공산주의가 개개인을 고통 속으로 몰아넣었는데도 밀어붙였어요. 다른 독재자들은 **권력욕**에 집중했어요. 아민과 피노체트는 자신의 권력에 위협이 된다고 생각하는 수천 명을 죽였고, 1948년~1994년 북한을 집권한 김일성은 자신에 대한 숭배를 강요했어요. 그를 충분히 떠받들지 않으면 죽임을 당하거나 감옥에 갇히는 일이 흔했죠.

북한 초대 최고 지도자
김일성(1912~1994)

김일성은 자신에 대한 충성도에 따라 주민을 '핵심 계층', '동요 계층', '적대 계층'으로 나눴어요. 이런 구분이 삶의 모든 부분에 영향을 미쳐서 할 수 있는 일, 먹을 수 있는 음식의 양, 살 수 있는 곳까지 정해졌어요.

지도자에게 인력과 무기가 있는 **군대**는 위협적이에요. 에스파냐의 프란시스코 프랑코 장군과 칠레의 아우구스토 피노체트 장군은 모두 자신이 지휘하던 군대를 이용하여 권력을 장악했어요. 프란시스코 프랑코는 1930년대 에스파냐 내전에서 반란군을 이끌었고, 칠레 육군 장군 피노체트는 투표로 선출된 살바도르 아옌데 대통령을 타도하는 쿠데타를 지휘했어요. 1971년 우간다 육군 사령관이었던 이디 아민은 밀턴 오보테 대통령을 내쫓았어요.

잔인한 통제

폭군은 악랄한 **비밀경찰**에 의존하면서 사람들이 서로 밀고하도록 부추겨요. 스탈린이 지배하던 시절의 소련에서는 누구든 공산당에 반대한다는 혐의를 받으면 '굴라그'로 보내졌어요. 굴라그는 얼어붙을 듯이 추운 시베리아에 있는 정치범 수용소로 이곳에 갇히면 끔찍한 환경에서 강제 노역을 하다가 종종 죽음에 이르렀어요. 칠레의 피노체트는 군대를 이용해서 반대자를 찾아낸 다음에 감옥에 가두거나 고문하거나 죽였어요.

정치범들은 영양실조에 시달리면서 허리가 휠 정도로 고되게 일해야 했다.

107

chapter 6
현대 세계

제2차 세계 대전이 끝나고 현대 세계가 형태를 갖추기 시작했어요. 신생 독립국들은 그들의 정체성과 나아갈 방향을 찾아가느라 고군분투했어요. 이들은 18~19세기 본국에 자원을 수탈당했기 때문에 빈곤에서 빠져나오기 어려웠죠.

20세기 전반에는 냉전으로 공산주의 진영과 자본주의 진영으로 갈라졌고, 서로를 위협하다고 여겼어요. 그러다 소련이 몰락하면서 공산권과 서구권 사이의 대립은 줄어들었으나, 아랍계 무슬림 국가들과 서구권 사이에 새로운 긴장감이 감돌았어요.

20세기 말에는 무역을 통한 새로운 형태의 국제 협력이 나타났는데, 이를 '세계화'라고 해요. 이로써 생산한 식량과 상품이 전 세계에 퍼지면서 일부 기업은 국가만큼 커지고 강력해졌지요. 하지만 이 또한 문제를 불러왔고, 21세기에는 국제 협력보다 국가적 자부심에 초점을 맞추는 국수주의가 세력을 키우고 있답니다.

1950년~1964년

동구의 공산 국가와 서구의 자본주의 국가 사이에 긴장감이 고조되면서 베트남, 유럽의 분쟁 지역, 쿠바에서 실제 전투가 벌어졌어요. 미국은 흑인을 차별하면서 발생한 문제로 시달렸으며, 중국은 마오쩌둥의 독재로 어려움을 겪었답니다.

1950년
북한이 남북군사분계선 38선 남쪽으로 침공하면서 **한국 전쟁**(6·25 전쟁)이 일어난다. 이로써 1953년 확정된 휴전선이 오늘날까지 이어지고 있다.

1954년
영국 육상선수 로저 배니스터가 최초로 **1마일**(약 1.6km)을 **4분 이내에 달렸다.**

1955년
바르샤바 조약은 소련과 중동부 유럽에 자리한 7개 공산 국가였던 알바니아, 불가리아, 체코슬로바키아, 동독, 헝가리, 폴란드, 루마니아 사이의 보호 조약이었다. 바르샤바 조약은 서독이 나토에 가입한 후에 이를 견제할 목적으로 체결되었다.

1960년~1975년
북베트남과 남베트남 사이에 **베트남 전쟁**이 벌어진다. 미국은 자유민주주의인 남베트남을 지원했다. 전쟁은 길고 험난했으며 군인이 아닌 민간인을 대상으로 수많은 잔혹 행위가 행해졌다. 베트남 전쟁을 향한 여론이 걷잡을 수 없이 나빠지자, 미국은 1973년에 철수했다. 북베트남과 남베트남이 베트남 사회주의 공화국으로 통일되면서 전쟁은 1976년에 마침표를 찍었다.

1950년

1953년
뉴질랜드 에드먼드 힐러리와 네팔의 텐징 노르가이가 세계에서 가장 높은 산인 **에베레스트산** 정상에 최초로 올랐다.

1955년~1968년
미국의 흑인 여성 **로자 파크스**가 버스에서 백인에게 자리를 양보하지 않았다는 이유로 체포되었다. 그러자 풀뿌리 운동의 형태로 흑인들의 평등권 투쟁이 시작되었다.

· 흑인 평등권 운동 ·
미국 흑인의 권리를 위한 투쟁이었다. 1950년대 흑인은 백인과 다른 시설을 사용해야만 했으며, 권리도 더 적었다. 흑인과 백인은 같은 버스를 타고 여행하거나 같은 학교에 다닐 수 없었고, 심지어 같은 지역에 거주할 수도 없었다. 시민 평등권 운동은 평등하고 공정한 대우를 요구하면서 폭력적인 방법과 평화적인 방법을 모두 사용했다.

1957년
소련이 만든 인류 최초의 인공위성 **스푸트니크 1호**가 우주로 발사됐다. 이때부터 소련과 미국의 '우주 경쟁'(▶116~117쪽)이 시작됐다.

우주로 간 스푸트니크는 몇 주 동안 지구에 단순한 전파 신호를 보냈다.

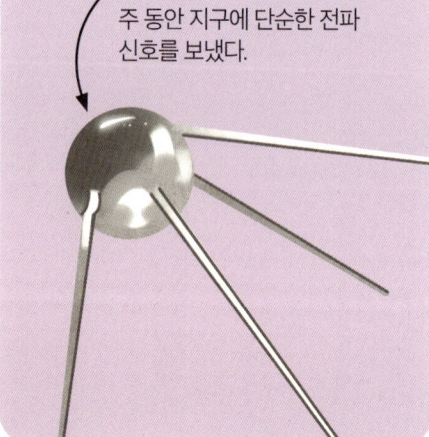

1958년~1962년

마오쩌둥이 중국의 공업과 농업을 근대화하고 중국식 공산주의를 확고히 할 의도로 **대약진 운동**을 시작한다. 하지만 실패하고 역사상 최악의 기근으로 이어져 1,500만~5,500만 명을 죽음으로 몰아넣었다.

1959~1994년

남아프리카 공화국의 흑인 350만 명이 살던 곳을 떠나 강제로 **반투 홈랜드**(남아프리카 공화국의 인종 차별 정책으로, 흑인을 특정 영토에만 살도록 한 조치)로 이주하면서 극빈층으로 전락했다. 이들의 농장은 백인 농부들에게 헐값에 팔렸다.

1960년

사람을 태운 운송 수단이 처음으로 바다에서 가장 깊은 지점(11km)인 태평양 **마리아나 해구** 바닥에 도달한다.

돈 월시와 자크 피카르가 트리에스테호에 올랐다.

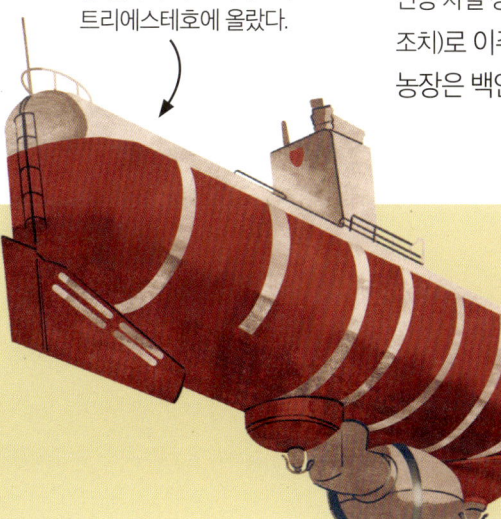

1962년

쿠바 미사일 위기가 전 지구를 핵전쟁 위험에 빠뜨렸다.
(▶113쪽)

1964년

1959년

혁명가 **체 게바라**와 **피델 카스트로**가 쿠바 정부를 타도한다. 미국은 바티스타 장군이 이끈 이전 정부를 지지했다. 새로운 정부는 국유화(정부가 재산을 소유함) 정책을 시작했으며, 이에 미국은 통상 금지(무역 거부)로 맞섰다. 그러자 쿠바는 소련에 원조를 요청하고 성공한다.

체 게바라(1928~1967)

1960년

칠레 **발디비아 지진**은 관측 이래 가장 강력했다.

1961년

소형 우주선 보스토크 1호에 탑승한 소련 우주 비행사 **유리 가가린**은 우주로 간 최초의 인간이 되었다.

궤도 비행에 성공했다.

냉전 시대

제2차 세계 대전에서 영국, 프랑스, 미국은 소련과 함께 싸웠지만 해를 거듭할수록 서로 불신했어요. 이는 자본주의와 사회주의 두 진영이 서로 적대하는 냉전으로 이어졌죠. 때때로 냉전은 핵전쟁으로까지 커질 위험에 처하기도 했어요. 1991년에 소련이 몰락하면서 냉전 시대도 함께 끝났답니다.

공산주의 vs 자본주의

냉전의 중심에는 **이념 갈등**이 있었어요. 공산주의자는 강력한 중앙 정부와 공공재로서의 토지, 재산의 공동 소유를 지지했어요. 공산당이 언제나 정권을 잡았고 민주적인 선거는 없었어요. 공산 사회는 감시가 삼엄했고 국가에 반대하는 사람은 누구든 가혹한 처벌을 받았어요. 반면 서구 자본주의 국가들은 개인의 자유와 경제적 자유를 옹호했어요. 사람들은 민주 선거에서 정부를 선출하고 비밀경찰에 대한 두려움 없이 자유롭게 정치를 논할 수 있었죠. 반면 기업체, 토지, 재산을 개인이 소유할 수 있기 때문에 기회와 사회적 불평등이 생겼어요.

동구와 서구의 갈등은 세계 무대에서 표면화됐어요. 1950년에 공산주의 북한이 통일을 바라며 우리 남한을 침공했어요. 남한은 저항했고 미국이 공산주의의 공격에 맞서 남한을 돕고자 참전했어요. 6·25전쟁은 냉전 시기에 처음으로 발생한 무력 충돌이었어요.

서로 믿지 못했기 때문에 스파이의 염탐은 중요한 활동이었다. 가령 신발에 비밀 메시지를 담은 송신기를 숨기기도 했다.

베를린 봉쇄

제2차 세계 대전 후에 **유럽은 동과 서로 나뉘었고**, 동쪽은 공산주의의 지배 아래에 있었어요. 독일은 동독과 서독으로 분단되었고, 수도 베를린은 소련이 지배하는 지역에 있었지만 서베를린과 동베를린으로 나뉘었어요. 스탈린은 서방 세력이 동독을 점령할까 봐 걱정했어요. 그래서 1948년에 서베를린으로 들어가는 모든 육로를 차단하고 11개월 동안 도시를 봉쇄했어요. 서베를린은 곧 식량, 의약품, 연료, 기타 필수품이 바닥났어요. 영국, 프랑스, 미국 같은 동맹국은 1949년에 스탈린이 봉쇄를 해제할 때까지 보급품을 공중 투하했어요. 베를린 봉쇄는 냉전의 시작이었어요.

서방은 항공기로 서베를린에 보급품을 전달했다.

유럽의 분열

경비가 삼엄한 국경이 동유럽과 서유럽을 갈랐고, 동유럽 시민은 서쪽으로 이주할 수 없었어요. 동서 분단은 1961년에 훨씬 명백해졌는데, 소련이 동독 공산 정부에 동베를린과 서베를린을 나누는 **베를린 장벽**을 쌓으라고 명령했기 때문이에요. 동독 주민은 장벽을 넘을 수 없었기 때문에 가족이나 친구와 생이별을 해야 했어요.

베를린 장벽은 냉전의 상징이자 독일 분단의 상징이다.

거대한 금속 문 뒤에 숨긴 벙커는 많은 사람들이 생활할 수 있는 보급품을 갖춘 광대한 지하 생활 공간이다.

전쟁 준비

동구와 서구 모두 무기를 비축하고 점점 더 강력한 폭탄을 만들어 냈어요. 양쪽 모두 원자탄을 시험하면서 무력을 과시했죠. 핵전쟁을 대비하여 사람들이 피난할 **핵 벙커**도 지었어요. 하지만 대부분은 보여 주기식에 불과했어요. 두 강대국 사이에 핵전쟁이 일어나면 전 세계가 초토화될 게 뻔하거든요.

아슬아슬했던 순간

큰 고비는 1961년에 찾아왔어요. 미국은 쿠바의 피델 카스트로가 세운 공산주의 정부에 대항하는 반란을 일으키려 했지만 실패했어요. 이에 대응하여 소련은 미국을 겨냥하는 **핵미사일**을 **쿠바**로 옮겼어요. 1962년 며칠에 걸친 긴박한 협상 끝에 소련은 쿠바에서, 미국은 튀르키예에서 각각 미사일을 철수하는 데 동의했어요. 전쟁을 아슬아슬하게 피한 순간이죠.

1965년~1974년

1960년대는 서구 일부 국가에서 희망과 사회 변혁의 시기였어요. 특히 미국은 흑인이 권리를 인정받았으며, 내부에서는 명분 없는 베트남전을 끝내라는 목소리가 고조되었어요. 한편 치열했던 우주 경쟁은 미국의 우주 비행사 두 명이 달에 착륙하면서 막을 내렸답니다.

1968년

프라하의 봄은 체코슬로바키아의 공산당 지배를 약화하려던 민주화 운동이다. 알렉산데르 둡체크는 소련의 간섭이 짙은 시기에 언론 및 이동의 자유, 민주 선거 같은 개혁 조치를 도입하려 했다. 4개월 후 소련이 탱크와 군인 수천 명을 수도 프라하에 보내고 둡체크를 해임했다. 체코슬로바키아는 다시 억압적인 공산 체제로 돌아갔다.

1965년

무슬림 흑인 평등권 운동 지도자 **맬컴 엑스**가 미국에서 **암살당했다.**

1967년~1974년

1967년에 **그리스 대령 세 명**이 국왕과 정부를 타도했다. **군사 정부**가 국가를 지배하면서, 공산주의 성향이 있거나 군부에 반대한다고 여겨지는 사람은 모두 감옥에 가두고 고문했다. 1973년에는 군주제가 폐지되었다. 인근 사이프러스 대통령을 퇴진시키려던 시도가 실패하면서 군사 정부가 무너졌고, 1974년 민주 선거가 치러졌다.

1964년

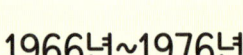

1966년~1976년

마오쩌둥이 공산주의를 실천하고 반혁명파를 몰아내기 위해 **문화 대혁명**을 시작한다. 정치적으로 마오쩌둥과 대립하던 사람들은 투옥되거나 살해되었다. 학생, 의사, 작가, 예술가 같은 지식인층도 사상이 공산당에 적대적이라는 이유로 투옥되거나 사형됐으며 집단 농장에서 일하도록 보내졌다. 이에 따라 약 150만 명이 사망하고 2,000만 명이 고향을 떠나야 했다.

1968년

홍콩에서 시작한 **인플루엔자 대유행**이 전 세계적으로 1백만 명~4백만 명의 목숨을 앗아갔다.

1968년

미국인 랄프 플라이스티드가 이끄는 원정대가 처음으로 스노모빌을 이용하여 **북극**에 도착한다. 다음 해에는 걸어서 북극까지 가는 탐험이 최초로 성공한다.

마틴 루서 킹
(1929~1968)

1968년

기독교인 흑인 평등권 운동가 **마틴 루서 킹**이 미국에서 **암살된다.** 그는 비폭력 평화 시위를 통해 흑인 인권 보장을 요구하고 민권 운동에 앞장섰다. 그의 사망은 폭동과 분노의 도화선이 되었고, 시민 평등권법 통과에 큰 역할을 했다.

1969년

미국 우주 비행사 두 명이 아폴로 11호를 타고 **달에 착륙한다.**

1972년

팔레스타인 해방 기구(PLO) 조직원들이 독일 뮌헨 올림픽에서 **이스라엘 선수들을 인질로 잡고** 팔레스타인 포로의 석방을 요구했다. 구출 작전 중에 모든 인질과 일부 테러리스트가 사망했다.

테러리스트의 공격은 처음으로 TV에서 생중계했다.

· 중동 전쟁의 시작 ·

유대인들은 나치의 박해에서 벗어나 고국 팔레스타인 지역으로 돌아가 이스라엘을 건국한다. 하지만 그곳에 살고 있던 아랍인들과 충돌한다. 1947년 유엔이 정한 영토 재분배 방식에 팔레스타인이 반발하면서 이들의 갈등은 오늘날까지 이어지고 있다.

1974년

1969년

인텔은 첫 번째 메모리칩을 선보였으나 좋은 반응을 얻지 못한다. 그 뒤 1971년 **최초의 마이크로프로세서** '인텔 4004'를 출시한다. 개인용 컴퓨터의 개발에 결정적인 역할을 해냈다.

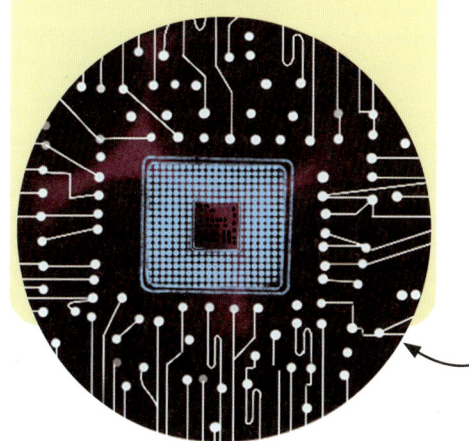

작은 은빛 실리콘 조각에 연산 능력을 담았다.

사이클론 볼라는 사상 최대의 인명 피해를 냈다.

1970년

사이클론 볼라가 방글라데시(당시 파키스탄 일부)를 강타하면서 50만 명에 달하는 주민이 희생됐다.

1973년~1990년

미국의 지원을 등에 업은 **아우구스토 피노체트 장군**이 사회주의 정부를 타도하고 칠레의 독재자가 되었다. 피노체트의 통치는 반대파와 무고한 시민에 대한 살인, 감금, 고문으로 얼룩졌다. 약 8만 명이 체포되었고, 많은 시민이 실종되었다.

우주 경쟁

냉전 동안 스파이, 군사적 적대감, 핵무기 등 무시무시한 것만 있었던 건 아니에요. 스포츠, 기술, 우주 등 여러 분야에서 발전이 이루어졌어요. 그중 소련과 미국이 벌였던 '우주 경쟁'이 흥미로워요. 처음에는 소련이 앞섰지만, 1969년 미국이 우주인을 달에 보내면서 전세가 역전됐어요.

우주 경쟁의 시작

독일은 최초의 로켓을 만들어 제2차 세계 대전 동안 폭탄으로 개조했어요. 로켓을 우주선으로 사용한 건 나중의 일이죠. 1947년 미국 과학자들은 초파리와 씨앗을 우주로 보내서 우주 방사선이 미치는 영향을 알아보려고 했어요. 1940년대와 50년대에는 미국과 소련 모두 동물을 우주에 보냈고 대부분은 죽었어요. 이런 우주여행은 겨우 우주에 진입했다가 돌아오는 수준이었어요. 하지만 1957년에 소련이 로켓을 사용하여 최초의 인공위성 스푸트니크 1호를 발사했고, 이는 몇 주 동안 궤도를 유지하며 충격을 안겼어요.

달, 그리고 금성과 화성

1961년 소련이 먼저 인간을 우주로 보내자 케네디 대통령은 10년 이내에 미국인을 **달에 착륙시키겠다고** 발표했어요. 그 후 미국은 아폴로 프로그램으로 먼저 무인 우주선을 달에 보냈고, 그다음엔 달 궤도로 우주인을 보냈으며 마침내 1969년에 달에 착륙했답니다.

최초의 우주인

소련은 **최초로 인간을 우주로** 보냈으며(1961년 유리 가가린), **여성 우주 비행사**(1968년 발렌티나 테레시코바)도 처음 보냈어요. 미국 최초의 우주 비행사는 앨런 셰퍼드로, 1961년에 우주로 갔어요. 여성의 우주 비행은 그로부터 20년 넘게 지난 1983년에서야 샐리 라이드가 해냈죠. 1965년에는 소련의 알렉세이 네오노프가 최초로 12분 동안 우주선 밖으로 나와 우주 유영을 했어요.

발렌티나 테레시코바(1937~)

거대한 로켓이 아폴로 우주선을 싣고 발사되면, 나아가면서 로켓이 분리되고 우주선만 달로 간다.

베네라 4호는 금성 탐사를 위해 소련이 보낸 무인 우주 탐사선이다.

달 외에도 **금성**과 **화성**의 경쟁도 치열했어요. 소련은 먼저 금성과 화성에 우주선을 보냈지만, 실패율이 높았어요. 그러던 1970년 소련의 베네라 7호가 최초로 금성에 성공적으로 연착륙(우주선이 망가지지 않도록 속도를 줄여서 내려앉음)할 수 있었죠. 또 베네라 12호는 성공적으로 착륙한 뒤 그곳의 소리를 기록한 최초의 우주선이랍니다. 반면 화성은 미국이 앞섰어요. 1971년에 소련의 마르스 3호는 처음으로 화성에 착륙했지만, 이미 1965년 미국의 매리너 4호가 화성 가까이에서 표면을 촬영하여 사진을 보냈답니다.

우주에 사람과 로봇을 보내고 우주 정거장을 지으면서 우주에 대해 많이 알게 되었다.

루노호트 1호 로버(소련)

보스호트 2호 우주선(소련)

루나 1호 인공위성(미국)

살류트 1호 우주 정거장(소련)

우주의 생활 공간

미국과 소련 모두 우주에 오래 머물고 싶었기에 **우주 정거장**을 짓기 시작했어요. 첫 성공 사례는 소련의 살류트 정거장으로, 1971년에 우주 궤도로 발사됐어요. 미국의 첫 번째 우주 정거장은 스카이랩으로 1973년부터 가동했어요.

우주 비행사는 우주 정거장에 머물며 연구하고 실험하며, 우주복을 입고 우주 유영을 할 수 있어요.

우주 경쟁은 1975년에 소련과 미국의 우주 비행사들이 우주에서 만나며 막을 내렸어요. 아폴로와 소유스 우주선이 도킹(우주에서 두 우주선을 연결하는 일)했고 선장 토머스 스태퍼드와 알렉세이 레오노프가 악수했어요.

미국 우주복

소련 우주복

1975년~1989년

1970년대 냉전의 긴장 상태는 1980년대 말에 가까워지면서 누그러졌어요. 1989년에 동유럽 국가들은 공산주의를 포기하기 시작했어요. 소련은 서방과 경쟁하고 국민에게 기본 생활 수준을 보장하느라 고군분투했지만 결국 내부에 균열이 생겼답니다.

1975년~1979년

폴 포트가 이끄는 과격 단체 **크메르 루주가 캄보디아를 장악하고** 지식인을 학살했는데, 단순히 안경을 쓰거나 두 가지 언어를 구사하는 사람도 포함되었다. 모든 도시민은 시골로 쫓겨났는데, 폴 포트는 시골에 공산주의 사회를 건설하려 했고, 자국민의 모든 재산을 정부에 귀속시켰다. 최대 2백만 명이 처형당하거나 질병, 굶주림, 강제 노동으로 인해 사망했다.

1979년

1978년에 권력을 잡았다가 민심을 잃은 아프가니스탄 공산주의 정부가 반공 지도자 하피줄라 아민에 의해 전복되자 **소련이 아프가니스탄을 침공한다.** 소련은 아민을 살해했으나 게릴라 조직은 이기지 못했다. 결국 소련은 1989년에 철수한다.

1980년

페루 좌익 반란군 '빛나는 길'이 **게릴라 공격과 테러**를 벌이며 인민 전쟁을 시작한다. 이들은 시골의 많은 지역을 손에 넣었으며, 1992년에 지도자 아비마엘 구스만이 체포되면서 세력이 작아졌다.

1975년

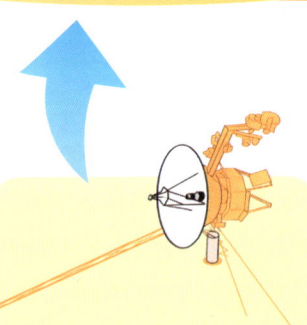

1977년

미국이 **보이저 1호**와 **2호**를 발사했다. 현재 둘 다 태양계를 벗어나 심우주를 비행 중이며 1호는 지구와 연락이 끊겼다.

1979년

이란 혁명으로 **아야톨라 루홀라 호메이니**가 이슬람 국가의 지도자가 되었다. 처음에 혁명은 여러 집단의 지지를 받았다. 그러나 새로운 정부는 곧 엄격한 이슬람 율법을 도입했고 예전 지지자들을 배제했다. 좀 더 자유로운 생각을 지닌 사람들은 박해했다.

1981년

미국이 우주 왕복선 **컬럼비아호**를 발사했다. 컬럼비아호는 기존의 우주선과 달리 반복해서 사용할 수 있는 최초의 우주선이다.

1985년

새로 선출된 소련 지도자 미하일 고르바초프는 소련 근대화를 위해 새롭고 급진적인 **페레스트로이카**(개혁, 재건)와 **글라스노스트**(개방) 정책을 받아들이며 서구와 긴장 관계를 완화하고 생활 여건을 개선했다. 또 동유럽에 대한 간섭을 줄이고 서구와 조약을 맺었다.

1986년

우크라이나(당시 소련) **체르노빌** 원자력 발전소에서 재앙과도 같은 폭발이 일어나면서 원자로 4개 중 1기가 산산조각 났다. 방사성 물질이 인근 지역을 오염시키고 유럽 전역을 떠돌았다. 체르노빌 인근은 여전히 출입 금지 구역이다.

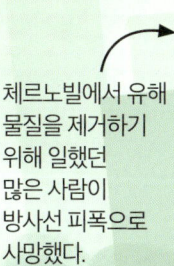

체르노빌에서 유해 물질을 제거하기 위해 일했던 많은 사람이 방사선 피폭으로 사망했다.

1989년

중국 정부가 탱크를 앞세워 베이징 **텐안먼**(천안문) **광장**에 나타나 공산당에 반대하는 평화 시위를 가차 없이 무력 진압했다. 이로 인해 수천 명이 사망한 것으로 추정된다. 학생으로 시작한 시위대는 전국에서 100만 명 이상으로 늘어났고 언론의 자유와 민주주의를 외쳤다.

맨몸으로 탱크를 막아선 시위대 남자의 모습. 톈안먼 항쟁을 상징하는 아이콘 '탱크맨'으로 불린다.

1986년

1986년

미국 우주 왕복선 **챌린저호**가 이륙 직후 **폭발했다.**

1989년

유조선 **엑손 밸디즈호**가 암초와 충돌하여 원유 약 5,000만 리터가 알래스카 인근 바다에 유출됐다. 해안선 2,100km가 오염되었으며 수천 마리의 바다 생물과 25만 마리의 새가 목숨을 잃었다.

1989년~1991년

동유럽 혁명으로 유럽의 공산주의 정권이 막을 내린다. 폴란드, 헝가리, 루마니아, 체코슬로바키아, 동독, 불가리아가 모두 새로운 정부를 수립한다. 1989년 **베를린 장벽**이 무너지고, 1990년 독일이 통일된다.

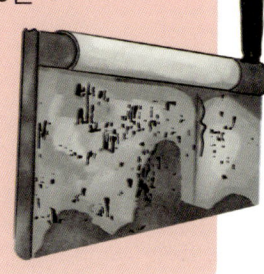

1990년~2004년

1990년대의 변화는 대단해서 미국 작가 프랜시스 후쿠야마는 인류와 사회가 최종 형태에 도달한 '역사의 종말'이라는 표현을 썼다. 냉전 종식과 월드 와이드 웹(WWW)의 등장은 세계를 크게 바꿔 놓았다.

1991년~

보리스 옐친이 러시아의 초대 대통령이 된다. 러시아는 우크라이나, 조지아, 벨라루스처럼 소비에트 연방에 속했던 몇몇 나라와 함께 **독립 국가 연합**(CIS)을 창설한다. 1990년대 러시아는 옐친의 개혁 정책에 따라 언론의 자유와 서구식 자유 시장 경제가 허용되지만, 부정부패와 범죄가 발생했고 소수의 부유층과 다수의 빈곤층이 나타났다. 1999년에 옐친은 블라디미르 푸틴에게 권력을 이양했다.

1990년~1991년

소련이 붕괴하기 시작하면서 라트비아와 에스토니아와 같은 연방 가입국들이 독립을 선언하려 했다. 고르바초프 대통령을 상대로 한 쿠데타가 실패로 돌아갔지만 결국 그는 공식적으로 **소련을 해체**하고 사임했다.

1993년

유럽 입자물리연구소가 **월드 와이드 웹** 소프트웨어를 공유했다. 월드 와이드 웹은 사람들이 소통하고, 지식을 나누고, 어울리는 방식까지 혁명적으로 바꿨다.

1990년

1994년

남아프리카 공화국에 흑인 정권이 들어서면서 마침내 **아파르트헤이트가 끝난다**.

1994년

아프리카 르완다에서 내전 중 다수파 후투족의 극단주의자들이 80만 명으로 추정되는 소수파 투치족을 학살한다. 이 잔혹 행위는 **르완다 학살**로 알려졌다.

1994년

남아프리카 공화국의 첫 번째 자유선거에서 **넬슨 만델라**가 최초의 흑인 대통령으로 선출된다.

· 평등을 위한 노력 ·

아파르트헤이트 제도에서 남아프리카 공화국 사람들은 인종에 따라 차별 대우를 받았다. 권력은 소수의 백인에게 집중되었다. 아파르트헤이트에 반대하던 아프리카 국민회의(ANC)는 1960년에 활동이 금지되었다. 이에 국내외에서 반대가 거세졌고, 1990년에 새로운 대통령 프레데리크 빌렘 데클레르크는 정치범들을 석방하고 아프리카 국민회의를 합법화했으며 언론의 자유를 허용했다.

아프리카 국민회의 지도자 넬슨 만델라가 1990년에 석방되었다.

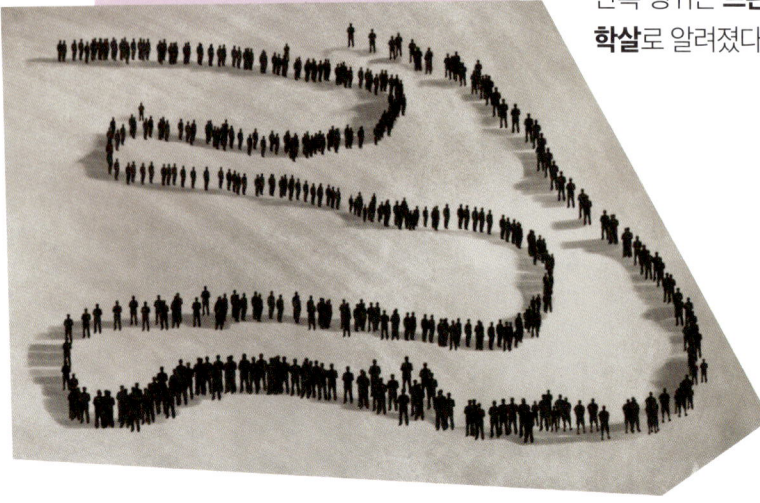

1994년~1998년

북한에서 대홍수가 일어나 수확물, 곡물 저장고, 사회 기반 시설을 휩쓸면서 기근이 닥쳤다. 2,200만 명 중 최대 350만 명이 사망했다.

2001년

테러리스트들이 여객기 네 대를 납치하여 두 대는 뉴욕 **세계무역센터**의 쌍둥이 빌딩에, 한 대는 워싱턴에 있는 미국 국방성 **펜타곤**에 충돌시켜 3천 명에 가까운 사람이 사망했다. 이는 미국 땅에서 벌어진 가장 충격적인 공격으로, 이슬람 극단주의 집단 **알카에다**의 소행이었다. 알카에다의 지도자 오사마 빈라덴은 미국의 중동 정책에 강한 불만을 표했다.

9월 11일에 있었기 때문에 '911 테러'로 알려져 있다.

2001년

미국은 동맹국들에게 테러리스트 조직을 뿌리 뽑으려는 시도인 **'테러와의 전쟁'**에 동참하라고 촉구했다. 첫 단계는 아프가니스탄을 폭격하고, 알카에다를 도운 아프가니스탄 무슬림 정부 탈레반을 몰아내는 일이었다. 미국의 강력한 지원 아래 아프가니스탄 과도 정부를 이끌 지도자로 하미드 카르자이가 선출되었다.

2004년

1995년

공산 국가 유고슬라비아가 해체되고 3개 주요 민족(세르비아계, 크로아티아계, 보스니아계) 사이에 **내전이 발발한다**. 1995년 스레브레니차에서 세르비아군이 8천 명에 가까운 이슬람교도들을 학살했다. UN 평화 유지군은 제2차 세계 대전 이후 유럽 최대 규모의 대학살을 막는 데 실패했다.

1997년

영국이 99년간 지배했던 **홍콩을 중국에 반환했다.** 공산주의 중국은 홍콩이 자본주의 체제를 유지하게 해 주겠다고 약속했다.

1997년

미국의 화성 탐사선 마스 패스파인더는 이동식 로버 **소저너**를 싣고 화성에 착륙했다. 처음으로 화성 표면에서 물의 흔적을 찾았다.

2002년

미국이 테러와의 전쟁에서 체포한 죄수를 잡아 두기 위해 쿠바 **관타나모**에 수용소를 마련했다. 관타나모 수용소는 많은 논쟁을 불러일으켰는데, 재판도 하지 않고 구금하거나 고문도 행해졌다는 의혹이 있었다.

2003년

테러와의 전쟁의 일환으로 미국과 동맹국들이 **이라크를 침공해서** 대통령 사담 후세인을 체포했다.

2004년

인도양의 **지진과 해일**로 인도네시아, 스리랑카, 인도 등의 지역에서 몇 시간 만에 최소 22만 5,000명이 목숨을 잃었다.

2005년~현재

21세기 초반 서양과 무슬림, 아랍 세계의 갈등이 격화됐다. 동시에 스마트폰, 소셜 미디어(SNS), 다양한 온라인 커뮤니케이션으로 사람들의 생활 양식과 교류하는 방법이 달라졌다. 한편 심각한 지구 온난화, 전염병, 경제 문제 등이 우리의 삶에 크게 영향을 미치고 있다.

2009년

오스트레일리아 동부에 폭 500km, 길이 1,000km의 거대한 **먼지구름**이 퍼졌다. 구름은 도시에 붉은 먼지와 흙을 퍼부으면서 교통이 멈췄고, 사람들은 폐 질환과 호흡 곤란에 시달렸다.

2005년

온실가스로 인한 기온 상승을 제한하자는 국제 협약인 **교토 의정서**가 발효되었다. 2008년부터 2012년까지 온실가스 배출량을 1990년보다 5% 줄이는 것이 목표였으나, 오히려 늘어났다.

2007년~2008년

세계 금융 위기로 전 세계 사람들은 빈곤에 빠졌고 기업체와 은행은 줄줄이 도산했다. 미국 은행들은 갚을 능력이 없는 사람에게 돈을 빌려준 다음, 투자자에게 채권을 원래 가치보다 더 부풀려서 팔았다. 미국 주택 시장이 붕괴했고 제대로 관리하지 못한 금융 시장도 무너졌다.

2005년

2006년

이라크 대통령이었던 **사담 후세인**이 전쟁 범죄와 반인륜적인 범죄를 이유로 처형당했다.

2007년

아이폰이 처음 공개되었다. 스마트폰은 개인 의사소통에 혁신적인 변화를 불러왔다. 우리나라에는 2010년 발매되었다.

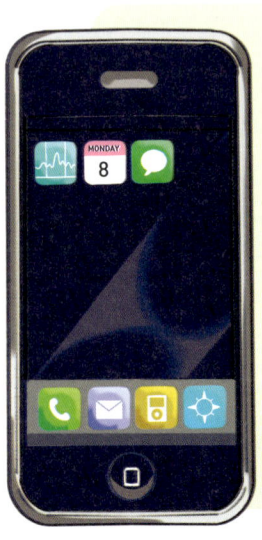

2008년

버락 오바마가 미국 최초의 흑인 대통령으로 당선된다.

← 버락 오바마 (1961년~)

2011년

일본에서 역사상 가장 강력한 **지진 해일**이 발생하면서 **후쿠시마** 원자력 발전소가 폭발했다. 그에 따라 1986년 체르노빌 사고만큼 심각한 방사선 유출 사고가 벌어졌다.

2011년

테러 조직 알카에다를 설립하고 이끌었던 **오사마 빈라덴**이 미군에 의해 **사망한다**. 빈라덴은 서방, 특히 미국에 대항하는 지하드(성전)를 위해 알카에다를 시작했으며 세계적인 이슬람 제국을 세우려 했다.

2013년
중국이 21세기판 실크 로드인 **'일대일로'**를 시작한다. 중국은 무역을 위해 중국과 아프리카 및 유럽을 잇는 육상 실크 로드로 '일대'를, 해상 실크 로드로 '일로'를 계획했다.

2015년
IS가 4000년이 넘은 시리아의 고대 도시 **팔미라**의 20~30%를 파괴했으며 유적을 지키던 학자들을 학살했다.

2017년
미국 일부 지역에서 99년 만에 완벽한 **개기일식**이 관측되었다. 온전한 개기일식은 매우 보기 드문데, 우선 태양, 달, 지구가 완벽히 일렬로 늘어서야 한다. 그러면서 달이 햇빛을 완전히 차단하고 지구 표면 일부에 그림자를 드리우면서 '코로나'라고 하는 태양의 가장 바깥층만 드러나면 개기일식이 발생한다. 천문학자들은 일식이 지구에 미치는 영향뿐만 아니라 태양에 대해 더 알아내려고 코로나를 연구한다.

2014년
이슬람교를 정치적으로 이용하는 테러 조직 무장 단체 **IS**(이슬람 국가)는 극단주의 이슬람 국가를 세우고자 했다. 이들은 잔악무도한 행위를 일삼았다.

방호복을 입고 소독약을 뿌리며 코로나19의 확산을 막으려고 노력했다.

2019년
2019년 말 중국 우한에서 새로운 종류의 호흡기 질환 전염병이 등장했다. **코로나19**라고 불리는 이 질병은 전 세계로 빠르게 번졌다.

2015년
무인 탐사선 뉴허라이즌스가 처음으로 **명왕성을 가까이에서 찍은 사진**을 지구로 전송했다.

2022년
러시아가 우크라이나를 침공했다. 이 전쟁으로 수천 명이 목숨을 잃고 수백만의 우크라이나인이 고향을 떠나야 했다. 세계적으로 곡물과 에너지 수급에 차질이 생겼다.

코로나19

2020년부터 세계를 강타한 코로나19('코로나 바이러스 2019'의 약칭)는 1918년에서 1919년에 전 지구를 휩쓴 인플루엔자 이후 최악의 질병이었어요. 2023년 5월 세계 보건 기구(WHO)는 코로나19로 전 세계 인구 중 7억 6천 6백만 명이 감염되었으며 7백만 명이 사망했다고 발표했어요. 중국에서 처음 발견한 코로나19는 순식간에 세계 곳곳으로 퍼졌어요. 확산을 막으려는 시도는 너무 늦고 조심스러웠어요. 대신 대부분의 국가는 공공 의료 서비스에 과부하가 걸리는 걸 막고 백신을 개발할 시간을 벌고자 코로나19의 확산세를 늦추는 데 전념했어요.

새로운 전염병

코로나19라는 새로운 **호흡기 질환**에 걸린 최초의 사례는 2019년 말에 중국에서 발견되었어요. 코로나19는 공기 중의 아주 작은 에어로졸(오랫동안 공기에 떠서 머물 수 있는 작은 입자)이나 손이나 물체의 표면에 있는 물방울이 옮기는 **바이러스**를 통해 감염되며, 사람의 폐를 공격해서 기침과 고열, 기타 증상을 일으켰어요. 중국 식료품 시장 내부나 근처 천산갑이나 박쥐에게서 사람으로 전파되었거나, 연구소에서 생겨났을 가능성도 있지만 정확한 건 없죠. 코로나19가 처음 등장했을 때 사람들이 자유롭게 이동하는 바람에 바이러스는 빠른 속도로 퍼졌고 곧 세계 보건 기구(WHO)는 **팬데믹**(세계적 대유행)을 선언했어요.

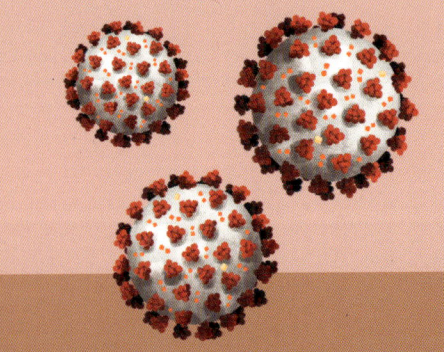

걸어 잠근 세계

외국 여행을 막으려고 국경을 폐쇄하는 나라들도 있었지만, 코로나19는 이미 자리 잡아 멈출 수 없었어요. 다만 확산을 늦출 수는 있었죠. 많은 국가가 집에 머물고 다른 사람과 안전한 거리를 유지하며 집 밖에서는 보호용 마스크를 착용하도록 강제하는 **방역 조치**를 도입했어요. 학교, 직장, 상점이 문을 닫았고 모임도 금지되었답니다.

↑ 합당한 이유 없이는 외출할 수 없었기 때문에 거리는 기괴하리만큼 사람이 없었다.

의료 대란

많은 **병원**이 밀려드는 코로나19 환자를 **감당할 수 없었어요**. 산소가 바닥나고 필수품이 동나기도 했어요. 의사와 간호사도 코로나19에 걸리는 바람에 더 적은 인원이 병원에서 일해야 했죠. 중국은 코로나19 환자에게 침상을 제공하기 위해 순식간에 병원을 짓기도 했어요. 어떤 곳에서는 전문가의 도움 없이 환자를 집에서 보살폈어요.

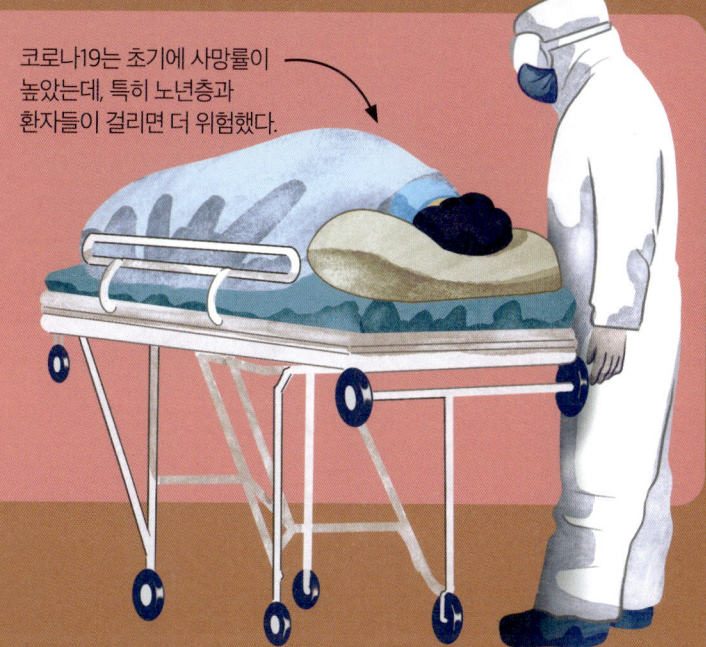

코로나19는 초기에 사망률이 높았는데, 특히 노년층과 환자들이 걸리면 더 위험했죠.

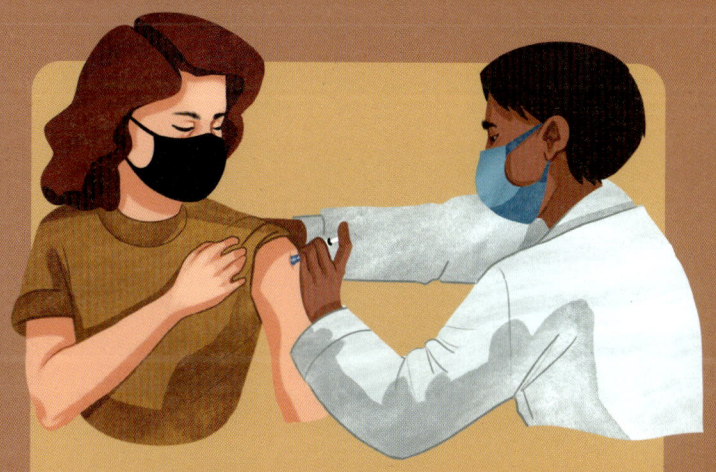

백신 개발

과학자들은 즉시 코로나19를 예방하거나 증상 악화를 막을 **백신** 개발에 돌입했어요. 첫 번째 백신은 2020년 말에 사용되었어요. 많은 곳에서 의료 종사자와 질병 취약층에게 백신을 우선 제공했어요. 백신은 코로나19 감염도 어느 정도 막아 주었지만, 가장 중요한 역할은 코로나19에 걸렸을 때 심각한 질병으로 이어지거나 사망하는 걸 예방하는 거예요. 2023년 초까지 전 세계 인구의 70%가량이 적어도 한 번은 코로나19 백신을 맞았다고 추정해요.

진실과 거짓

코로나19를 둘러싸고 수많은 **음모론**이 퍼졌어요. 어떤 사람들은 연구소에서 코로나19를 개발해서 고의로 또는 실수로 퍼뜨렸다고 주장했어요. 또는 전염병 자체가 완전히 거짓말이고 코로나19 같은 병은 없다고 얘기하는 사람도 있었지요.

코로나19는 진실과 거짓을 가려내기 위해 애써야 하는 현대 사회의 문제점을 여실히 드러냈어요. 정보의 출처가 매우 다양하고 접근이 쉽기 때문에 실제로 어떤 일이 벌어지는지 알아내는 게 쉽지 않죠. 특히 우리에게 특정한 방식으로 영향을 미치고 싶어 하는 사람들이 가짜 뉴스를 퍼뜨리기 때문에 더 어려워요. AI 기술의 발달은 여러 문제를 일으켰는데, 그중 가짜 뉴스 문제를 더 복잡하게 했답니다.

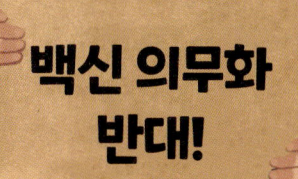

어떤 사람은 의무적인 백신 접종, 마스크 착용, 그 외에도 코로나19 확산을 늦추기 위한 조치에 반발했다.

미래의 역사

역사는 멈추지 않아요. 끊임없이 일어나는 사건이 훗날 역사가 되죠. 전 세계적으로 유행하는 전염병, 전쟁, 경제 및 정치 갈등, 자연재해 같은 부정적인 사건도 있고 과학적 발견, 늘어나는 국제 협력, 세상을 더 좋은 곳으로 만들려는 노력 같은 긍정적인 일도 있죠. 지금 우리는 미래의 역사를 사는 셈이에요.

기후 위기

사람들은 1800년대부터 지구 대기에 이산화 탄소가 많아지면 온난화가 일어난다는 사실을 알았어요. **기후 변화**가 진행 중이라는 증거가 20세기 말에 명백해졌지만, 각국 정부는 의미 있는 조처를 하는 데 발 빠르게 움직이지 않았어요. 이미 높아진 평균 기온 때문에 가뭄이 들고 홍수가 나며 산불과 흉년이 발생하고 빙하가 녹고 있어요. 전 세계의 기온이 오르면 인류가 쾌적하게 살 수 있는 지역이 바뀌기 때문에 우리는 이주하거나 생활 방식을 불편하게 바꿔야만 할 거예요.

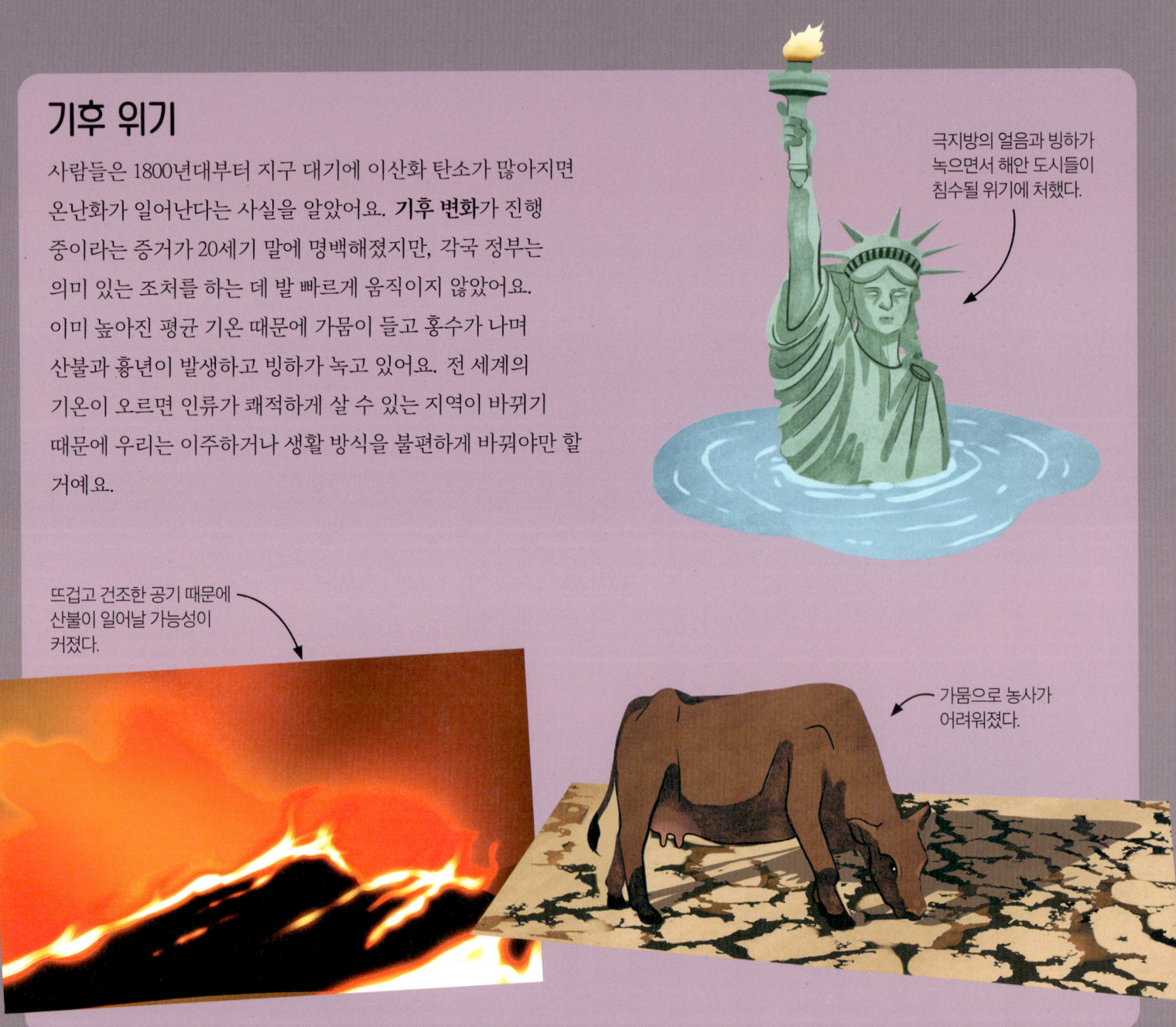

극지방의 얼음과 빙하가 녹으면서 해안 도시들이 침수될 위기에 처했다.

뜨겁고 건조한 공기 때문에 산불이 일어날 가능성이 커졌다.

가뭄으로 농사가 어려워졌다.

고갈

지구에는 우리가 필요로 하고 사용하는 자원이 한정적으로 존재하는데, 일부는 바닥을 드러내고 있어요. 소중한 자원을 보존하려면 쓰레기는 줄이고 재활용은 더 많이 해야 해요. 또는 얼음 아래, 해저, 우주 같은 새로운 장소에서 자원을 찾기도 해요. 혹은 우주의 **소행성**을 찾아내서 필요한 금속을 채굴하는 거죠. 미래의 역사학자들은 이 계획이 실행 가능한지 알 수 있을 거예요.

소행성이 미래의 휴대전화와 다른 물품에 필요한 재료를 공급해 줄 것이다.

지구 너머에

인류의 **우주여행**은 이제 막 시작했어요. 화성으로 사람을 보내는 건 가까운 미래에 가능할 거고, 언젠가는 달이나 화성, 또는 다른 행성에 기지를 세울 거예요. 점점 나빠지는 지구 환경에 대처할 해결책으로 다른 행성에 식민지를 건설하려고도 하지만, 그건 먼 미래의 일이에요. 인류가 우주로 멀리 퍼진 어느 날! 지금 우리의 삶은 지구에서 우주로 보낸 인류 초기 역사의 일부가 될지도 몰라요.

교류와 단절

21세기에 등장한 세계적인 문제들은 '**연결된 세상**'에서 하나가 잘못되면 모두가 위협받는다는 사실을 증명했어요. 대부분의 나라가 식량, 연료, 소비재 등을 서로에게 의존하기 때문에 한 나라의 혼란은 국경을 넘어 멀리 퍼져요. 2022년에 러시아가 우크라이나를 침공하자 전 세계에 식량과 연료 공급이 불안정해졌어요. 또 국수주의가 고조되면서 어떤 나라들은 자국의 무역과 국경을 보호하려고 다른 나라와 거리를 두거나 이민을 제한적으로 받아들이는 고립주의 정책을 펼치기도 해요. 영국은 2021년에 유럽 연합을 탈퇴하면서 세계 경제가 요동쳤지요. 한편 많은 나라가 고령화를 겪으면서 더 많은 외국 노동자가 필요한 반면 어떤 곳은 전쟁, 기후 변화, 자국민을 해외로 보내는 등의 다른 문제를 겪고 있어요. 이러한 어려움을 해결하려면 협력이 필요해 보여요. 그렇다면 세계는 앞으로 더 많이 교류할까요, 아니면 단절될까요? 양쪽 모두 장단점이 있겠네요.

미래를 위해

인류는 언제나 어려운 문제에 맞닥뜨리면서 살아남았다는 걸 기억해야 해요. **역사에 관심을 기울인다면** 과거에서 얻은 교훈으로 현재 더 나은 결정을 내릴 수 있어요. 언젠가 미래의 역사학자는 우리가 현재의 문제를 해결하느라 행한 조치를 연구해서 그들의 문제를 해결할 거예요. 그러니 우리 역사를 기억할 가치가 있는 것으로 만들어야 하겠지요?

아마 미래의 역사학자들은 지속 가능한 친환경 도시에 살 것이다.

찾아보기

검투사 35, 38
공산주의 97, 108-114, 118-9
공자 25, 38
구리 13, 23, 92
기근 18, 20, 22, 46, 61, 63-4, 76, 84-5, 97, 101, 111, 121
기록 4-6, 9, 16-7, 21-2, 26, 29, 35, 37, 42-5, 51-2, 57, 60, 65, 85, 90, 94, 117
기후 변화 18, 22, 44, 126, 127
나폴레옹 81, 84, 87
남북 전쟁 91
냉전 109, 112, 116, 118, 120
노예 7, 27, 33, 35, 38, 50, 55-7, 69, 71, 73-4, 77-9, 81, 83, 85-6, 91-2
농업(농사) 4, 11-3, 26, 42, 48, 50, 60, 68, 70, 78, 82, 85, 91, 101, 111, 126
달력 20, 39, 75
대공황 101
독재자 38, 106, 108, 110, 115
동물 12, 18, 26, 33-4, 43, 90
동인도 회사 76, 85
마오쩌둥 105-7, 110-1, 114
마틴 루서 킹 114
마하트마 간디 101, 105
메소포타미아 12-4, 16, 18-9, 24, 33
무역 22, 30, 36, 38, 42, 47, 50, 55, 57, 64-5, 69-71, 73-6, 78-9, 84, 92, 109, 111, 123, 127
무함마드 46-50, 53
문자 9, 16-7, 20-1, 37, 42, 45, 60
민주주의 24, 27, 30-1, 94-5, 110, 119
바빌론 24-5, 32, 34
바이킹 6, 50, 54-7, 70
발명 4, 11-2, 14, 18, 43, 65, 71, 80-2, 96
베르사유 99-100
베를린 장벽 113, 119
베트남 전쟁 110
보이저 118
봉건제 51, 56-7, 62, 68, 87
북한 106-7, 112, 121
비잔틴 44, 50-1, 53, 59, 62
빙하기 12, 18, 63, 70, 77
뼈 10, 21
사무라이 62
산업 혁명 47, 82-3, 86
선사 시대 4, 9-10
수에즈 운하 91
스마트폰 122
스핑크스 5, 15
시위 94-6, 119
식민지 69, 73, 78, 80, 84-6, 89-90, 92-93, 96, 99, 103, 127
십자군 49, 58-9, 62
아스테카 64-5, 71, 73
아우슈비츠 103
아이티 72, 81-2
아파르트헤이트 105, 120
아프가니스탄 12, 33, 38, 60, 85, 118, 121
알렉산더 대왕 32-4
알카에다 121-2
앙코르 와트 62
예루살렘 23, 39, 42, 49-51, 59, 62
오스트레일리아 29, 49, 69, 72, 76, 80, 95-6, 99, 122
올림픽 24, 115
우주 24, 109, 111, 114-9, 127
우주 경쟁 110, 114, 116, 117
유대인 31, 47, 50, 52-3, 102-3, 105, 115
유엔(UN) 104, 121
이스라엘 22-3, 49, 52, 58, 62, 105, 115,
이슬람 46-7, 49, 51-4, 58-9, 64, 97, 100, 118, 121-3
이오시프 스탈린 100-1, 104-7, 112
이집트 12-8, 20, 22, 25, 27, 32-5, 37, 39, 43, 50, 52, 91, 100
인더스 문명 5, 12, 14, 17-8, 53
인플레이션 64, 100
인플루엔자 69, 72, 97, 100, 114
일대일로 123
잉카 51, 71
자본주의 109-110, 112, 121
전염병 31, 64, 66, 68, 85, 96, 122, 125-6
전차 19, 44
제1차 세계 대전 89, 96-100, 102-3
제2차 세계 대전 89, 100-4, 109, 112, 116, 121
조면기 7, 81
지진 11, 19, 20, 22, 46, 56, 80, 111, 121-2
진주만 103
천문학 14, 18-9, 43-4, 75, 123
천연두 51, 56, 69, 72
철기 13, 22
청동기 13, 20, 22, 92, 97, 100, 113
칭기즈 칸 60-2
카이사르 38-9, 41
코로나 123
코로나19 123-5
콜럼버스 72
쿠빌라이 61-3
테러 97, 115, 118, 121-3
톈안먼 119
투탕카멘 22, 100
투표 27, 87, 94-5, 107
튀르키예 22-5, 35, 38, 41, 46-7, 92,
피라미드 13, 15, 45, 65
핵전쟁 111-3
화약 43, 51, 55, 81
흑사병 7, 49, 64-8
힌두교 19, 34, 53, 62

128